郭志坤 著

申元书院 编

中国历代帝王画传

上海书店出版社
SHANGHAI BOOKSTORE PUBLISHING HOUSE

目 录

自　序

　　皇帝是中国旧社会最高统治者的称号，其人其事代表着当时社会的一个缩影。在上古三皇五帝时期，中国的最高统治者称"皇"或"帝"，如羲皇伏羲、娲皇女娲、黄帝公孙轩辕、炎帝神农等。从夏朝第二任君主启开始至秦帝国之前，最高统治者称为"王"，如夏桀、商纣王、周武王、周幽王等均是王，也称作天子。秦王嬴政统一中国之后建立秦帝国，嬴政认为自己"德兼三皇、功盖五帝"，成为中国第一位"皇帝"，史称"始皇帝"。自此之后"皇帝"取代了"帝"与"王"，成为此后两千多年来中国社会最高统治者（即"天子"）的称呼。"皇帝"也简称"皇"或"帝"。

　　这本帝王画传的构想始于1984年，那时我在《文汇报》编"神州"版，有"班超父子通西域"一组连环画，图文合成后即于1984年2月2日"神州"专版刊发。图下方署"郭志坤文，刘旦宅画"。当天中午刘先生打来电话表示感谢，并愿意绘帝王画像。无巧不成书，拙著《秦始皇大传》正要出版，责任编辑建议我在扉页上配幅秦始皇的画像。于是，我找了绘制过秦始皇肖像的刘旦宅重画一幅秦始皇的画像。

　　1989年3月《秦始皇大传》正式出版，扉页是刘旦宅所绘秦始皇的彩色画像，背面是著名历史学家周谷城的题词："秦始皇统一中国二千二百一十周年——为《秦始皇大传》题。"我将样书送周谷老指教，他打开扉页，一见秦始皇的彩色画像，便露出一脸喜色道："这幅秦始皇画像，是懂历史的画家绘画的。"我告诉说，这是著名画家刘旦宅先生绘画的，其中有我的构思。

周先生要我向刘先生转达他的意见："留着这幅画像，将来可以同秦陵地宫的秦始皇写真画像或写真雕像，对照对照，比较比较，看看你们的构思是否符合史实。"后来，我将口信转达刘先生，刘先生得到周谷老的赞扬甚为高兴，当即致电周谷老，并表示愿意为周谷老画像，以表谢意。

在刘旦宅先生的笔下，秦始皇形象丰满，高大魁伟，神采奕奕，很有帝王气概。这幅画确实是做到了形似和神似较为完美的统一，也被学界誉为"史学家与艺术家和谐合作的作品"，并以此为题在媒体上作了报道。不少历史教材的秦始皇画像还采用了刘先生绘画的画像，也带出了《秦始皇大传》的影响。

1994年8月初《隋炀帝大传》书稿送到出版社，责任编辑也提出封面上要有隋炀帝的画像，希望请著名画家绘画。著名画家谁？我很自然又选择了刘旦宅先生，刘先生愉快接受为拙著《隋炀帝大传》绘画隋炀帝画像。1994年10月在北京一次会议上我同史学家林剑鸣教授提起刘旦宅先生为拙著作画，他见后甚为欣喜，建议将此画置于封面（1995年版以此画作封面），并拟联：

"荒淫乎？雄桀乎？浮言不可枉信

暴君乎？英主乎？书中自有析评。"

《隋炀帝大传》出版后，我专程送给刘先生审阅。他翻看后称赞说："这副对联配在我这幅画边很得体。"

有幸承获刘旦宅先生所绘秦始皇及隋炀帝画像后，又见刘先生对古代圣贤人物有诸多画作，如《历代诗人图册》《齐鲁哲贤图》等，便萌发邀请刘先生绘画帝王像系列的设想，书名叫《中国帝王画典》或《中国历代帝王画传》。刘先生听了我的建议，连声赞道说："好题目，我早有打算，不过，现在教务繁忙。"又问：篇幅多大，作品几幅？我说："阎立本的《历代帝王图》画了从西汉到隋朝的十三位帝王的画像，你刘旦宅先生能否超越阎立本，至少选择中国历代帝王一百位给他们画像。"刘先生有所迟疑，他说："百幅画像有难度，可否少些？"我说："难是难，但你有基础了，你画了秦始皇画像、隋炀帝画像、永乐帝画像，再画几幅，其他由弟子们来完成，由你主绘或主编都行。"刘先生说："这是很费工夫的事，要翻阅不少资料，还要请历史学家当顾问。"我毛遂自荐地说："顾问就不要请了，我来选择百位历代帝王并负责提供有关材料。"傅惟本先生在场，也当即表示志愿乐于此事。刘先生很高兴说："好，那我们又进行一项新的合作项目。"刘先生要我将《中国帝王画典》的方案和百位帝王的脚本先撰写出来。我一口答应，就是时间安排不过来，迟迟未能提交全部文字稿。

过了个把月，刘先生又来电要我到他家里，他将他的画作《赤子》《相思》赠与我，以表对我儿子郭申元的纪念。对刘先生的关怀，我深表感激，并说："《中国帝王画典》的脚本还在进行中。"刘先生安慰说："不急，学术的东西是抢不出来的，慢工才能出细活！"

正当"画典"的文字稿在修改中，刘先生于2011年3月2日离我们而去，真是让人扼腕有断臂之痛，我曾在《世纪》杂志刊发回忆文章，以表深深的怀念。《中国帝王画典》虽为未了遗愿，但我对《中国历代帝王画传》编辑出版仍是孜孜以求。经查，中国历代帝王有342位，现留存下来的帝王文物图不到一半，不管怎样，我尽力把历代帝王小传文稿先撰成，资料来源有限，撰稿时间有难，虽是早有准备，但赖于业余，断而相续，坚持了二三十年，故小传成文长短不一，有三百字、五百字，有的八百字、一千字。同事傅惟本将我对《画传》的构想以及他绘画的部分帝王画作送他老师方增先审阅，方先生对《画传》的创意赞赏有加，并说，曹操、司马懿等画像有古朴之韵气，笔简意赅，刻画得十分传神。方先生时为上海美术馆馆长，有一种专业使命感，且与我同是上海市文史研究馆馆员，表示愿意参与绘画，后因身体欠佳，未能如愿。方先生的褒奖，实为完稿之动力，其间，我将文稿改写成中国历代帝王故事，请黄国乐博士绘图，选用六十八幅结集成《中国帝王故事画选》，亦承得方先生力荐，于2012年7月在上海人民美术出版社正式出版。在此一并谨致谢忱。后来，申元书院的展馆里设有帝王馆，听取博物馆权威人士的意见，展馆挂图说明文字，不宜过长，最多只能一百字，唯此才利于参观者伸颈阅读。于是，我对原先成文的历代帝王小传重新改写，一律压缩到百字以内，故题为"百字一帝"，实有削足适履之嫌。因篇幅的限制，不得面面俱到，只能点到为止，就说秦始皇、隋炀帝，我在拙著《秦始皇大传》《隋炀帝大传》分别以40万、45万字的篇幅展现其人其事，而在此"画传"中只有一百字，显然会挂一漏万。这是首先要说明的。

再则，本书绘画风格各异，难求一律，尽管是多位且为现代画家、画师之作，其落笔是经过一番思考，探赜索隐。前文所叙刘旦宅绘秦始皇画像之用心，足见一斑。为帝王作画的历史久远，唐代阎立本《历代帝王图》起始，就有了给历代帝王作画的传统，至于唐代以前的帝王画像，多是基于文字中只言片语的描述和想象绘成的。中国历代帝王像中，明、清两代都是当代朝廷画师的作品，最为可信，尤其是清朝帝王像那是画师用素描的笔法绘成，几近照片。

今集《中国历代帝王画传》中的作者，包括当今的画家、画师力图通过对各个帝王不同相貌表情、衣饰，以及眉眼、嘴唇所流露出的神情来刻画其个性与气质，应该说，他们竭尽心智，久久为功，绘画者与小传作者钩沉发微，切磋琢磨，每幅画像揭示出他们各自的内心世界、性格特征。特别是对那些开朝立代之君，在画师笔下都体现了一种"王者气度"之仪范，而对那些昏庸或亡国之君，则呈现委琐庸腐之神态，可谓"春秋笔法"。这显然会有疏漏之处，在申元书院开院展示一年多的时间里，有识之士提了诸多中肯意见，由是，出版前，对某些画像重新绘作。即便如此守正笃实，想必仍有疏忽缺失。

在照相技术没有发明之前，古代人都是采用画像的方式，让人的容貌定格在画纸上，以供后人瞻仰。那古代画像究竟有多大的可信度呢？就说古人绘画的朱元璋像，有多种版本。民间常见的一个版本，朱元璋脸长下巴尖，而明清两朝宫廷之中所藏的版本，朱元璋则是方脸长须，威武异常。究竟哪一幅更接近朱元璋的真实相貌呢？据明朝陆容《菽园杂记》中记载，朱元璋曾经召集一批画师为其画像，但大多数画的都令他不满意。后来有画师以"稍于形似之外，加穆穆之容以进"，朱元璋看后才感到高兴。由是可见，朱元璋的画像是形似之外，然后加了许多美化。朱元璋画像况且如此，其他画像更不遑论了。

现在展现在读者面前的这本小书，肯定会有不足之处，敬请广大读者批评指正。

郭志坤

2022年3月27日

第一部分

上万年文明起步的先夏

百万年的文化根系　上万年的文明起步

中国的文明历史走过很长很长的一段路程，这个路程如果包含它的孕育期的话，那绝不是几千年，而是上万年。海峡两岸学者共同起草《重写中华古史建议书》，主张中华文明史应从一万年前写起。中国考古学会理事长苏秉琦概括说："超百万年的文化根系，上万年的文明起步，五千年的古国，两千年的中华一统实体，这就是我国的基本国情。"所言甚是。

　　黄帝（约前2717～前2599），古代华夏部落联盟首领，中国远古时代华夏民族的共主，五帝之首。播百谷，力农耕，制衣冠，建舟车，作《黄帝内经》。有土德之瑞，色黄，故号黄帝。被尊为中华"人文初祖"。

　　颛顼（zhuān xū，约前2342～前2245），古代华夏部落联盟首领，中华人文始祖之一。为黄帝之孙，姬姓。辅佐少昊有功，封于高阳。为天下共主后，迁都商丘，严格黄帝之策，创九州，制"颛顼历"。前承炎黄，后启尧舜，奠定华夏基根。在位78年，寿98岁。

　　帝喾（kù，约前2275～前2176），姬姓，黄帝曾孙，15岁（前2260）辅佐叔父颛顼。30岁继承帝位，成为天下共主，五帝之一。为华夏民族的共同人文始祖。以亳为都，探索天象，订立节气，指导农畜，深受百姓爱戴。寿100岁，在位69年。

　　尧（约前2188～前2067），五帝之一。十五岁被封于
唐（今山西临汾），故又称唐尧。在万国争雄乱世中，团
结友邦，征讨四夷、统一华夏。派鲧治水，制定历法，倡
导农耕，访遍天下贤士，得到舜，并把首领之位传给了
舜。被视为"贤君"。

　　舜（约前2187～约前2067），为黄帝八世孙。生而重瞳，孝顺友爱，虚怀纳谏。善于制陶。经重重考验，得到唐尧的认可与禅位。力主"德为先，重教化"，为中华道德文化的鼻祖，成为走向文明的时代推手，亦为万世大孝者。

第二部分

禹定九州的夏朝

中华第一朝　神州始一统

大禹之子启创建了以传子制度为标志的"中华第一朝"——夏。作为"天下共主"的夏王传十四世、十七王，绵延四百七十一年。中华一统天下的局面起始于夏代。古人云："中国有礼仪之大，故称夏；有服章之美，谓之华。华夏一也。"夏是中华文明的开局王朝，留给后世的是：夏历、夏礼以及开启青铜时代。

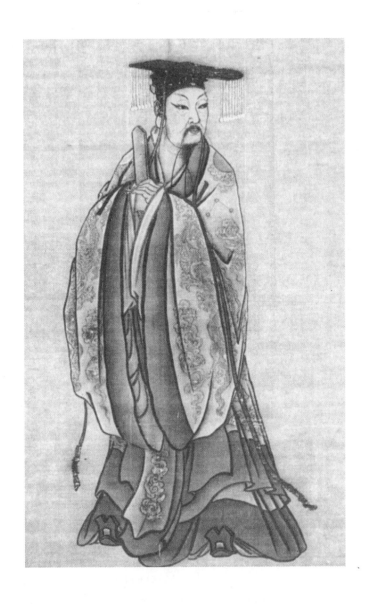

　　姒禹（生卒年不详），黄帝的玄孙、颛顼的孙子，夏朝开国君王。"三过家门而不入"，潜心治水有功，受舜禅让而继帝位，划定九州、奠定夏朝，为夏朝首位天子，史称大禹、神禹、夏禹。

　　姒启（约前2084～前2006），禹的儿子，夏朝的第二
任君王。四处征战，平定乱势，统一天下有功，为重德修
贤之明君。在位39年，寿78岁，后被尊为"齐圣皇帝"。

　　姒太康（生卒年不详），为启长子。公元前1978年，太康在争夺统治者的战争中获胜即位后，迁都斟鄩。太康自小娇生惯养，追求享乐，不理朝政，被羿夺权，流亡他地，史称"太康失国"。

　　姒仲康（生卒年不详），夏启之子，太康之弟，夏朝第四任君主。后羿篡位临朝八年，因诸侯不服，不得已立仲康为傀儡王。仲康不甘，想夺大权又无力，终因忧闷成病而死。

　　姒相（约前2054～前1999），仲康之世子。后羿又立仲康的儿子姒相为夏王，不久又赶跑了姒相，执政八年，不修民事，被部下寒浞所杀。寒浞杀羿之后，又使其子浇弑姒相。姒相的妃子后缗逃到娘家，生下遗腹子少康。

　　姒少康（约前1972～前1912），名杜康，姒相之子。其父被寒浞所杀。姒少康长大后为有仍氏牧正，又逃至虞国任庖正，在此期间酿造出了酒。攻灭寒浞，恢复夏的统治。少康大有作为，史称"少康中兴"。享年60岁，在位21年。

　　姒杼（生卒年不详），姒少康之子，夏朝第七任君王。曾参加父亲少康领导的恢复夏朝的战争，立了诸多战功。发明了甲和矛，并大举征伐东夷部落，取得了胜利，使东夷及海边各部落进一步融入夏朝。在位17年。

　　姒槐（？～前1851），姒杼之子，夏朝第八任君主。
槐在位期间，先后征服了居住于泗水、淮水之间的九夷
等部落，大大扩展了夏朝的势力，同时社会经济都有所发
展。《竹书纪年》载槐在位44年。

　　姒芒（前1897～前1833），姒槐之子，夏朝第九任君主。继位时举行了祭黄河仪式，除把猪、牛、羊沉于河中外，还把当年舜帝赐给大禹象征治水成功的"玄圭"也沉在河中，以表虔诚，此为"沉祭"。病死，享年64岁，在位18年。

　　姒泄（生卒年不详），姒芒之子，夏朝第十任君主。在位期间刚柔并济，对反叛者杀，对降服者，如对畎夷、白夷、赤夷、玄夷、风夷、阳夷给予爵位，大大巩固了夏朝大一统。病死，在位16年。

　　姒不降（前1831～前1743），姒泄之子，夏朝第十一任君主。19岁登基，施行先王基本国策，发展经济，改善民生。外与夷族方国保持友好往来。选贤弟姒扃为相，辅佐朝政，版图达到最大。有为之君。病死，享年88岁，在位59年。

　　姒扃（jiōng，生卒年不详），姒泄之子，姒不降之弟，夏朝第十二任君主。姒不降认为自己的弟弟姒扃执政经验更丰富，于是内禅给自己的弟弟姒扃。姒扃即位后致力先王遗志，继承"圣德"，和睦为尚，关注民生。病逝，在位21年。

　　姒廑（jǐn，生卒年不详），姒扃之子，夏朝第十三任君主。姒扃死后继位。有志承继先王之志，沿袭旧制，由帝丘（今河南濮阳）迁都于西河（今河南安阳汤阴县东）。此时国势强盛，姒廑为守成之君。病死，在位8年。

　　姒孔甲（生卒年不详），姒不降之子，夏朝第十四任君主。在位期间，喜好信奉鬼神，且肆意淫乱，沉湎于歌舞美酒之中，是个胡作非为的残暴昏君，导致各部落首领纷纷叛离，使夏朝国势衰落。病死，在位9年，另说30年。

　　姒皋（前1753～前1669），孔甲之子，夏王朝第十五任君主。出生后，其祖父不降很喜欢这个孙子，希望他能像皋陶一样成为圣人，于是起名为皋。皋居储位31年，孔甲死后继王位，迁都于渑池。病逝，享年84岁，在位11年。

　　姒发（？～前1652），姒皋之子，夏朝第十六任君主。即位后注重选拔和尊重人才。为人谦恭，在四处求贤时遇见养马的长者关龙逄，向姒发献以养马喻治民之策，姒发回宫即破格提拔他为相，果不负众望，稳固社稷，卓有成就。病逝，在位19年。

　　姒桀（约前1654～前1600），姒发之子，史称夏桀，夏朝末代君主。文武双全，也想干番事业，但好逸恶劳，荒淫暴虐，杀了功臣关龙逢，又拒听伊尹直谏，沉迷饮酒，内政不修，外患不断，是著名暴君，引发商汤伐桀，在位52年。

第三部分

镌刻在甲骨上的殷商

甲骨铭信史　酒池亡商纣

商革夏命，"顺乎天而应乎人"，商汤完成了中国历史上的第一次王朝更替，殷商王朝成为"三代"中的承上启下的第二代，传十七世、三十一王，延续六百余年。甲骨文是殷商时代的主要文字，它印证了司马迁《史记》中所记载的商王世系。甲骨卜辞中最高统治者自称王、帝、王帝、余一人，意味深长。

　　商汤（？～约前1588），为黄帝后裔，始祖契，曾辅大禹治水。原是商国的君主，在伊尹、仲虺等人的辅助下灭掉周边部落。"以宽治民"，时为强国，后作《汤誓》，与桀大战于鸣条，最终灭夏。经三千诸侯大会，汤被推举为天子。百岁而逝。

　　太丁（生卒年不详），亦称大丁，协助商王成汤主持战事有功，为解周人威胁，采怀柔之策。后被立为太子，先汤而死，尚未即位为王，其弟外丙继王位。后世仍将太丁列为商朝君主之一。

　　商哀王外丙（生卒年不详），商汤次子，本无资格继位，因汤长子太丁病殁，其子年幼，加之外丙有才，即由外丙登基，成商朝第二任王。在位仅3年便得病而亡，其间由仲虺、伊尹二相继续辅政。

　　商懿王仲壬（约前1640～约前1580），亦称中壬，商汤子，外丙的弟弟。商王世袭是先弟后子，仲壬继位后，由伊尹辅政，遵承汤制，朝政相对稳定，国家日益强盛。为商朝第三任君王，在位4年，享年60岁。

　　商太宗太甲（生卒年不详），商汤嫡长孙，外丙和仲壬之侄，商朝第四任君主。继位之初，由四朝元老伊尹辅政，伊尹著文，以导太甲遵循祖先法制，督其反省修德，让诸侯归顺。太甲曾被放逐3年，改过自新成明君，在位23年。

　　商昭王沃丁（生卒年不详），太甲之子，太丁之孙。沃丁继父王位，为商朝第五任君主，仍以伊尹为相。尔后以商汤时老臣咎单为卿士，即宰相。咎单仍然采取节用宽民的政策，笃行汤法，作《沃丁》训，用以警醒沃丁。沃丁发扬祖制，以德治商。在位29年。

　　商宣王太庚（生卒年不详），又作大庚，沃丁之弟，太甲之子。继沃丁而即位，勤政修德，诸侯归顺，商再度兴盛。在位75年，为商朝第六任君主。

　　商敬王小甲（生卒年不详），太庚之子，也说太庚之弟，为商朝的第七任君王。小甲在位时，商代以亳为都。商敬王死后，弟雍己继立，无有作为，商朝始衰。在位36年（一说17年）。

　　商元王雍己（生卒年不详），小甲之弟，小甲死后即位，因不思进取，荒废政事，"殷道衰"，各诸侯的势力日趋膨胀，商王室日益削弱，诸侯不来朝。在位12年。

　　商中宗太戊（生卒年不详），太庚之子，小甲和雍己的弟弟，为商朝第九任君主，在位76年。在位时用伊陟（伊尹之子）为相，勤政修德，治国抚民，各诸侯纷纷归顺，使商朝再度兴盛，是商朝在位最长久的有为之君。

　　商孝成王仲丁（生卒年不详），亦作中丁，商王太戊之子，为商朝第十任君主。时东南方的夷族兴起叛商，仲丁出兵讨伐。仲丁死后，诸弟争夺王位，酿成"九世之乱"，商朝一度中衰。在位13年。

商思王外壬（生卒年不详），太戊子，仲丁弟。仲丁死后，外壬成功地夺取王位，为第十一任的君王，向诸弟妥协，造成了继承王位的混乱，史称"九世之乱"。诸侯不朝，叛乱不息，商朝衰落。在位15年。

　　商前平王河亶甲（生卒年不详），太戊的儿子，仲丁、外壬弟，外壬死后继位。河亶甲即位时，内外忧患，以迁都和征战兰族和班方来稳定局势，为其后的祖乙复兴打下了基础。在位9年。

　　商穆王祖乙（生卒年不详），河亶甲子，又称且乙。
祖乙即位后曾四次迁都，并多次出兵平服了兰夷、班方等
国，解除了东南方夷族的威胁，为使商朝再度中兴的明
君。在位19年（一说75年）。

　　商桓王祖辛（生卒年不详），甲骨文作"且辛"，名旦，商王祖乙之子，祖乙去世后继位，为商朝第十四任国王。此时仍处于五代九王的"九世之乱"期间，内乱使商朝无力进一步发展。在位16年。

　　商僖王沃甲（生卒年不详），亦作开甲，祖辛之弟，为商朝第十五任君主。即位期间仍处王位纷争、诸侯离叛之时。病死。在位20年（一说25年）。

　　商庄王祖丁（生卒年不详），祖辛之子，沃甲之侄，为商朝第十六任君主。在位时期仍处"九世之乱"，诸侯不朝，国力衰微。在位9年（一说为32年）。

　　商顷王南庚（生卒年不详），沃甲之子，祖丁堂弟，为商朝第十七任君主。南庚在位时，迁都并征战，国运再度衰落，甲骨文记载他是主动退位，由祖丁之子阳甲继承，他还活到了盘庚统治时期的中后段。

　　商悼王阳甲（生卒年不详），又称象甲，祖丁之子，
后任商王盘庚之兄，商朝第十八任君主。自仲丁时期起，
王位继承开始混乱，相互残杀，诸侯不朝。阳甲已无法拯
救衰落局面。

　　商世祖盘庚（生卒年不详），祖丁子，阳甲弟。即位后第三年（前1298）迁都于殷。提倡节俭，改良风气，减轻剥削，安定局面，使衰落的商朝出现了复兴的局面，是很有作为的明君。为商朝第十九任君主，《尚书·盘庚》有记录。

百字一帝：中国历代帝王画传

　　商章王小辛（生卒年不详），祖丁子、盘庚弟。小辛是商朝第二十位君主，即位后，前后期治政之策不一，前期继承盘庚方略则繁荣，后期放弃了则衰落。在位21年。

　　小乙（生卒年不详），小辛之弟，商朝第二十一任君主。在位时征伐东夷、鬼方等，制定商代祭祀制度，重于教导，还让太子武丁去田里耕作，为以后武丁中兴打好基础。在位21年。

　　武丁（？～前1192），盘庚之侄，商王小乙之子，为商朝第二十二任君主。即位后勤于政事，任用刑徒出身的傅说及甘盘、祖己等贤能之人辅政，励精图治，使商朝得到空前发展，史称"武丁盛世"。在位59年。

　　祖庚（生卒年不详），武丁次子，即位后秉承了"武丁中兴"事业，积极开拓，遵行礼制。修改《汤刑》，以严刑来打击不肖子孙以及掠夺榨取之恶习。武丁、祖庚和祖甲父子三人统治的一百余年间，是商代中兴的极盛之期。在位7年。

　　祖甲（生卒年不详），亦称且甲、帝甲，武丁第三子，祖庚之弟，商朝第二十四任君主。即位前在平民中生活，懂得民生，即位后能关注民生，还创造了祖先崇拜式"周祭"之法，改变了此前凌乱的局面。在位33年。

　　廪辛（生卒年不详），亦作冯辛，祖甲之子。在位时，志于一统天下。少数方国部落不时攻扰，廪辛发兵多次征伐，因国力不强，始终没有将方国部落征服。忧郁而死。在位6年（一说为44年）。

　　康丁（生卒年不详），祖甲子、廪辛弟。在位期间开辟以殷为中心的田猎场，用于田猎，也起到军事演习、开垦荒地的作用。对羌方等方国部落进行征伐。晚年信奉巫教，危及王权。在位7年。

　　武乙（？～前1113），康丁之子，为商朝第二十七任君主。武乙生性残暴，贪于享受，在南北征伐时，屠杀了众多百姓，被后人视为残暴的君王。传射击装血的皮袋以侮辱"天神"，后遭雷击而死。在位35年。

　　文丁（？～前1102），亦作太丁，武乙之子，商朝第二十八任君主。武乙时，西方的周部落逐渐强大。周侯季历伐戎有功，文丁即位后忌惮其势力，为了解除周人的威胁，采取怀柔政策，先嘉其功为"牧师"而后杀之。在位11年。

　　帝乙（？～公元前1076），文丁之子，商朝第二十九任君主。帝乙二年，周部落大举进攻商朝。帝乙派遣将领南仲率军抵御，并征伐诸夷。此时商的国力已衰，无法挽救，后迁都于朝歌。在位26年。

　　帝辛（约前1105～前1046），帝乙少子，继位后，穷兵黩武、重刑厚敛、拒谏饰非。帝辛沉湎酒色，典故有酒池肉林、炮烙之刑、牝鸡司晨等，是与夏桀并称"桀纣"的典型暴君。牧野之战而身死，在位30年。

第四部分

文明礼仪的西周

封邦建国　制礼作乐

　　周武王灭商后建国，定都于镐，史称"西周"，历十一代、十三王，绵延二百七十五年。青铜铭文有载，夏礼、商礼和周礼一脉相承，而周礼最完备，成为时人崇尚的行为规范。"郁郁乎文哉，吾从周"，在人们心目中，周代的文明礼仪垂范千古。

　　周文王姬昌（约前1152～约前1056），周朝奠基者，周武王之父。被商纣囚过，后获释，请纣废炮烙之刑。崇尚中道，奉行德治，提倡"怀保小民"，得诸侯拥护，后受命称王，在位50年。病逝，享年97岁，被武王追尊为文王。

　　周武王姬发（？～前1043），姬昌次子，西周王朝的
开国君主。武王即位后，重用太公望、周公旦等人治理朝
政。约前1046年，武王联合周边部族讨伐纣王，在牧野
之战中，殷商大败，纣王自焚，殷商灭亡。在位4年。

　　周成王姬诵（？～前1021），周武王之子，为西周第二任君主。继位时，年纪尚幼，由皇叔周公旦摄政。亲政后，营造新都成周，宅兹中国、大封诸侯，命周公东征、制礼作乐，社会安定、百姓和睦，为一代明君，在位22年。

周康王姬钊（？～前996），周武王之孙，周成王之子，西周第三任君主。周康王即位后，在召公奭、毕公高辅佐之下，秉承周成王之志，平定东夷、北征略地、西伐鬼方。成康时期，天下安定，四十多年没用刑罚，史称"成康之治"。在位25年。

　　周昭王（？～前977），周康王之子，周朝第四任君主。继位后，志在承继成康事业，致力扩大周的疆域，亲率大军南征荆楚，大获财宝，铸器铭功。当周昭王十九年，再次亲帅伐楚时，全军覆没，死于汉水之滨。在位19年。

　　周穆王姬满（约前1026～前922），又称"穆天子"，周昭王之子，西周第五任君主。是充满智慧、统御四方的明君。在位期间疆土不断扩大。作《吕刑》以安社会，由于常年征讨，天子不在朝堂，导致朝政松弛。在位55年。

　　周共王姬繄扈（？～前900），又作恭王，穆王之子，西周第六任君主。即位后，改变了父祖两代以武征天下的做法，裁减军队，明法息民，让百姓安于生产。允许土地自由买卖，首次把土地私有合法化。在位23年。

　　周懿王姬囏（jiān，约前937～约前892），周共王之子，西周第七任君主。周懿王有整纲之志，惜生性懦弱，继位后国势日益衰落，西戎屡次侵犯西周，抵达京畿所在。王权不振，官僚骄横淫奢，国人深受其苦。在位8年，一说25年。

　　周孝王姬辟方（前960～前886），周穆王之子，周共王姬繄扈之弟，西周第八位君主。周室嫡长继承制，理应太子姬燮继位，姬辟方乘其懦弱无能而夺取王位，此为违背祖制的异常变乱，引发周室内斗，国势更衰。在位16年。

　　周夷王姬燮（前885～前878），懿王之子、孝王侄孙，西周第九任国王。姬燮继位时，周王室处于衰落阶段，多数诸侯不朝，而且起兵叛逆。周夷王听信谗言，以酷刑烹杀齐哀公。周夷王又长期患病，不能治理国事。病死，在位8年。

　　周厉王姬胡（前904～前828），夷王之子，西周第十任君主。在位期间，暴虐成性，止谤，违背周人共同享有山林川的典章制度，不听大夫芮良夫劝谏。采用荣夷公实行"专利"垄断之策，且任用荣夷公做卿士，掌管国事，引起反叛。在位37年。

　　共和元年（前841），也是中国历史有确切纪年的开始。召穆公向厉王进谏说，行"专利"必会酿大祸，并指出"防民之口，甚于防水"，厉王仍不听。民愤而起义，厉王逃奔，穆公、周定公共同执政，称"共和"。共有14年。

　　周宣王姬静（？～前783），周厉王之子，西周第十一任君主。继位后效法周文王，贤臣辅佐、广进谏言，使国力得以恢复，百姓安顿，四夷咸服。晚年独断专行、滥杀大臣，导致"中兴"局面昙花一现。在位46年。

　　周幽王姬宫涅（约前795～前771），一作宫生，周宣王之子，为西周第十二任君主。周幽王沉湎酒色，贪婪腐败，重用奸臣虢石父主政，加重对百姓的剥削，激起民愤，犬戎攻入西周都城镐京，杀死周幽王。终年24岁，在位11年。西周灭亡。

第五部分

圣贤辈出的春秋

文化下移　大师辈出

春秋起于公元前770年的平王东迁，结束于公元前453年的三家分晋。春秋初年有诸侯国一百四十余，而影响较大者仅鲁、齐、晋、秦、楚、宋、卫、陈、蔡、曹、郑、燕、吴、越等十四国，其间周王室君王十六位。王权衰微，导致诸侯混战，其间相继出现"春秋五霸"。铁器、牛耕、私田，是当年的民生"三宝"；老子、孔子、墨子，是那个时代的精英。

　　周平王姬宜臼（？～前720），周幽王之子，东周第一任君主。在位时，相继委任郑武公、郑庄公父子担任王室的卿士。郑国实力渐雄，周平王怀有戒心，暗中将朝政分托给虢公，引起郑方不满。后以"周郑交质"为信。在位51年。

周桓王姬林（？～前697），周平王孙，东周第二任君主。即位后进一步以"周郑交质"来压制郑庄公的权力，由此周、郑交恶，双方在繻葛开战，郑国将领祝聃射中周桓王肩膀，周天子威望大减，赐地一块给郑国。在位23年。

　　周庄王姬佗（？～前682），周桓王之子，东周第三任君主。周庄王在位时期，平定王子克之乱，杀死乱魁周公黑肩。与齐国联姻，让鲁国国君鲁桓公作媒，将妹妹周王姬嫁给齐国国君齐襄公，还曾出兵救援卫国。在位15年。

　　周釐王姬胡齐（？～前677），周庄王长子，东周第
四任君主。变革文武王之制，作华丽之服，建奢侈之宫。
齐桓公依管仲"尊王攘夷"之策，以表尊奉周天子，并派
使臣向周釐王朝贺。釐王派单伯带兵和诸侯相会求睦。在
位5年。

　　周惠王姬阆（？～前653），周釐王之子，东周第五任君主。即位后，征用叔父姬颓家臣的园子，姬颓和五大臣发动叛乱，攻打周惠王，惠王逃往郑国。随后，郑国联合了虢国讨伐姬颓。惠王复位后赏赐郑国和虢国土地。在位25年。

　　周襄王姬郑（？～前620），周惠王之子，东周第六任君主。周襄王之时，诸侯争霸日益激烈，各显神通，不惜手段。在小国林立时期，称霸于诸侯，为后世称为"五霸"中的齐桓公、晋文公已凌驾于周襄王及各诸侯国之上。在位33年。

　　周顷王姬壬臣（？～前614），周襄王之子，东周第七任君主。继位后，王畿已缩小，王室财政拮据，无法安葬襄王，顷王只得派卿士毛伯卫向鲁国讨钱。邾文公出于替民谋利，准备迁都至绎山，周顷王听便。在位6年。

　　周匡王姬班（？～前607），周顷王之子，东周第八
任君主。周匡王在位时，并无要事可述，有继承父志之
心，却长年患病，疲竭挽救弱势。时晋国发生赵盾事件，
无力干预。赵氏孤儿即为赵盾之孙。在位6年。

　　周定王姬瑜（？～前586），周匡王之弟，东周第九任君王。定王继位后，楚庄王带兵在周王朝的边境阅兵示威，姬瑜派大臣王孙满去慰劳。楚庄王问周朝九鼎的"小大"，露其野心，后庄王退兵，史称"问鼎中原"。在位21年。

　　周简王姬夷（？～前572），周定王之子，东周第十位君王。在位时，周天子权威已经荡然无存。此时期，晋、楚、秦、宋、郑等国相互攻伐不息，位于东南地区的吴国兴起，屡次攻入楚国，卷入了春秋争霸的行列。在位14年。

　　周灵王姬泄心（？～前545），周简王之子，东周第十一任君主。在位期间，周朝国势日益衰败。各诸侯国无视周君，以战扩张势力。强国伐弱国，连年战争，民生疾苦。后来十国会盟约定停战，违者共讨之，史称"弭兵会盟"。在位27年。

　　周景王姬贵（？～前520），周灵王次子，东周第十二任君主。在位时财政窘困，连宫室器皿用具都得向各国乞讨。当晋忙于征伐，疏乎迟疑时，姬贵列数了王室赐给晋国的土地器物，讽其是"数典而忘其祖"，此为"数典忘祖"的来源。在位25年。

　　周悼王姬猛（？～前520），周景王之子。东周第十三任君主。即位后，其庶兄姬朝不服，带领失去职位的旧官吏以及部分将士冲入宫内，劫走姬猛，后获救，护返回城。病逝，在位1年。

　　周敬王姬匄（？～前476），周景王之子，周悼王之弟，东周第十四任君主。周敬王派人在楚地杀死王子朝后，余党在次年起兵，敬王出逃，后得晋国护佑下回都。此时，吴王夫差为父报仇，出兵攻越，越王勾践献美女西施以求和。前476年去世，有史学家以此作为划分春秋、战国时期的分界点。在位44年。

　　周元王姬仁（？～前469），周敬王之子。东周第十五任君主。周元王在位期间，越王勾践攻灭吴国后，率军乘胜北渡淮河，在徐约齐、晋等国会盟后，派人给周元王贡品，周王回赠肉以祭祖，册命为伯，承认勾践霸主。在位7年。

　　周贞定王姬介（？～前441），周元王之子，东周第
十六任君主。在位期间，晋国的三家大夫赵襄子、韩康
子、魏桓子共同攻灭了最后一家贵族智伯后，分成赵国、
韩国、魏国，晋国君晋幽公反而要分别向他们朝贡。病
死，在位28年。

第六部分

百家争鸣的战国

列国变法　百家争鸣

　　兼并战争，形成了秦、楚、燕、齐、韩、赵、魏"战国七雄"。变革是那个时代的最强音，王夫之称之为"古今一大变革之会"。各国变法中商鞅变法效果最著，影响最深远，所谓"商鞅相孝公，为秦开帝业"。其间周王室代表君主九位。战国时代产生了活跃在社会各层面的士阶层，从而出现了"百家争鸣"的局面。

　　周哀王姬去疾（？～前441），为周贞定王长子。东周第十七任君主。去疾继位后，篡位之争不息。刚过一季，被弟姬叔袭杀而自立，称为思王。后又遭少弟姬嵬攻杀而自立，是为考王。此三王皆为定王之子。在位不到1年。

　　周思王姬叔（？～前441），周贞定王之子、周哀王的弟弟。东周第十八任君主。王位是夺来的，心中处于忐忑不安之中，无心治政。不料，即位仅五个月，被少弟姬嵬杀死。在位不到1年。

　　周考王姬嵬（？～前426），周贞定王之子，哀王、思王之弟。东周第十九任君主。姬嵬杀害其兄周思王而自立为周考王，即位时周朝地盘窄小，只剩下一座宫殿及几千士兵。当时越国和齐国、晋国、楚国成为中原霸主。在位15年。

　　周威烈王姬午（？～前402），周考王之子，东周第二十任君主。公元前403年，封晋国大夫韩虔、赵籍、魏斯为诸侯，此即"三家分晋"。三家分晋标志着春秋时代的结束，紧接着是战国时代的来临。病死，在位24年。

　　周安王姬骄（？～前376），威烈王之子，东周第二十一任君主。公元前386年，安王封田和为齐侯，谓"田氏代齐"，标志齐国的新兴势力替代了旧势力。卫国人吴起变法，旧贵族叛乱，用乱箭射死吴起。周安王病死，在位26年。

　　周烈王姬喜（前401～前369），周安王之子，东周第二十二任君主。此时周王室已十分衰弱，诸国都不来朝拜，唯独齐威王听命，故齐威王被称为"天下贤德"。在位期间为秦献公当政后期，废除了殉葬制度。姬喜病死。在位7年。

　　周显王姬扁（？～前321），周烈王之弟，东周第二十三任君主。在位期间，诸侯国的变法发展到高潮，如秦国商鞅变法。当时齐国与魏国发生了"桂陵之战""马陵之战"战役，成语"围魏救赵""增兵减灶"皆典于此。在位48年。

　　周慎靓王姬定（前369～前315），周显王之子，东周第二十四任君主。在位期间，战国七雄为了壮大自己，各寻盟友，游说之士奔走于各国之间，劝说国君进行"合纵"或"连横"。秦军斩杀敌方8万人，挫败五国合纵。病逝，终年54岁，在位6年。

周赧王姬延（前344～前256），周慎靓王之子，东周第二十五任君主。在位时周的影响力仅限于王畿，此时的西戎霸主秦昭襄王逐渐取代了周天子的地位。相传他逃债避居宫内台上，称其台为"逃债台"，"债台高筑"成语源于此。郁愤而逝，享年88岁，在位59年。历时八百年的周王朝走向终结。

第七部分

驾驭四方的秦汉

皇帝制度始建　丝绸之路初通

秦王政"续六世之余烈，振长策而御宇内"，建立了中国历史上第一个统一的多民族的专制主义中央集权国家。汉承秦制，在四百四十余年间"海内为郡县，法令由一统"。汉统治者虽然倡导"独尊儒术"，实则是"霸""王"两道并用。秦汉帝王计有三十五位。秦汉是开放的时代，丝绸之路的开通，佛教的传入，皆在此时。

　　秦昭襄王嬴稷（前325～前251），又称秦昭王。早年在燕为人质。即位后，任白起为将军，用范雎远交近攻之策，先后战胜三晋、齐国、楚国等，长平之战后攻陷东周王都洛邑，俘虏周赧王，迁九鼎于咸阳，在位56年。至此，结束周朝统治。

　　秦孝文王嬴柱（前302～前250），秦昭襄王的次子。即位后大赦罪人，善待先王功臣，厚赐宗室亲戚，开放苑囿游乐。出游外地时，有人献五足之牛。采子楚"防患于未然"的奇谋之计，有志一统天下，惜在位仅有三天，为秦史最短之国君，享年52岁。

　　秦庄襄王嬴子楚（前281～前247），又称秦庄王，孝文王之子，秦始皇之父。早年在赵国邯郸作质子，后在吕不韦"奇货可居"之计运作下成为秦国国君。登基元年，宣布大赦，施惠于民。兴兵伐韩，秦地界到大梁。终年34岁，在位3年。

　　秦始皇嬴政（前259～前210），又称赵政、祖龙，庄襄王和赵姬之子，中国首个称皇帝的有为之君。13岁即位，铲除吕党揽大政。以郡县代分封，书同文，车同轨，统一度量衡。修长城，筑灵渠，焚书坑儒。终年49岁，在位37年。（刘旦宅为郭志坤《秦始皇大传》绘）

　　秦二世嬴胡亥（前221～前207），公子扶苏之弟，秦始皇第十八子。胡亥少从赵高学习狱法。始皇出游病死沙丘，秘不发丧。胡亥逼死长兄扶苏后即位，赵高掌实权，"指鹿为马"出典于此。实行暴政，引发陈胜吴广起义。被赵高逼迫自杀，时年14岁，在位3年。

　　秦三世嬴子婴（？～前206），扶苏之子、秦始皇长孙，秦朝最后一位统治者。秦二世三年（前207）九月，丞相赵高逼杀秦二世胡亥，去秦帝号，立子婴为秦王。五天后，子婴诛杀赵高。后投降刘邦，秦朝灭亡。在位46天。

　　汉高帝刘邦（前256～前195），汉朝开国皇帝。初为秦朝泗水亭长，起义投奔项梁，在灞上接受秦王子婴投降，废秦苛法，约法三章。鸿门宴之后，受封为汉王，最终赢得楚汉之争，知人善任，豁免徭役，重农抑商，励精图治。病逝，享年61岁，在位12年。

　　汉惠帝刘盈（前210～前188），西汉第二任皇帝，汉高帝刘邦嫡长子，母为吕雉。十六岁时继位。实施仁政，减轻赋税，实行"萧规曹随"、与民生息的政策，平衡诸王，推动黄老之学。社会经济繁荣、政治清明。借酒浇愁而疾亡，终年22岁，在位7年。

　　汉高后吕雉（前241～前180），通称吕后，或称汉高后、吕太后等。刘邦死后，被尊为皇太后，是中国首位临朝称制的皇后和皇太后。她实行无为而治、与民休息的政策，鼓励民间藏书、献书，"天下晏然"，为"文景之治"打下基础。病重而逝，终年61岁，在位8年。

　　汉文帝刘恒（前203～前157），汉高祖第四子。为母尝药，系"二十四孝"之一。吕后去世后，太尉周勃等人粉碎吕党，迎立刘恒进京称帝。即位之后，稳固帝位，励精图治，兴修水利，厉行节俭，废除肉刑，和亲止战，开启"文景之治"。在位23年。

　　汉景帝刘启（前188～前141），汉文帝长子。在位期间，推行"削藩策"，削诸侯封地，平定"七国之乱"，以固中央集权。勤俭治国，继续奉行"与民休息"政策，承父汉文帝的事业，并为其子"汉武盛世"奠定基础。病逝，享年47岁，在位16年。

　　汉武帝刘彻（前156～前87），汉景帝第十子。在位期间颁行推恩令，强化集权。推行平准、均输等措施，铸五铢钱，由官府垄断盐铁酒的经营，对外受挫而颁《轮台诏》，派张骞出使西域，文化上"罢黜百家，独尊儒术"，并设立太学。病逝，享年69岁，在位54年。

百字一帝：中国历代帝王画传

　　汉昭帝刘弗陵（前94～前74），汉武帝少子。八岁即位，在霍光、金日磾等辅政下，沿袭汉武帝政策，废黜冗官，休养生息，加强北方戍防。召开"盐铁会议"，罢除酒类专卖。"四夷宾服"，开启"昭宣中兴"局面。病逝，时年20岁，在位13年。

　　汉废帝刘贺（？～前59），汉武帝刘彻之孙。也是西
汉历史上在位时间最短的皇帝。当刘贺即位十余日，大将
军霍光与张安世谋划废立，借其不保社稷为由而废为庶
人，令其回到故地昌邑。仅在位27天。

　　汉宣帝刘询（前91～前48），汉武帝曾孙、原名刘病已。幼少受苦，体察民情，清除霍光势力后，贤臣辈出，形成"麒麟阁十一功臣"。设西域都护府。力主"霸道""王道"杂治，继续"昭宣中兴"局面。重病去逝，终年43岁，在位23年。

　　汉元帝刘奭（前75～前33），汉宣帝长子。汉元帝
多才艺，善史书，通音律，少好儒术，为人柔懦。在位期
间，昭君出塞，汉匈和谐。因宠信宦官，导致皇权式微，
宦官结党，朝政混乱，西汉由此走向衰落。病逝，终年42
岁，在位20年。

　　汉成帝刘骜（前51～前7），汉元帝嫡子。爱读经书，喜欢文辞。汉成帝在位时，把《氾胜之书》作者氾胜提为"劝农使者"，访求遗书于民间，结好邻邦，和睦天下。时为外戚擅政，给王莽篡汉埋下了祸根。中风暴死，终年45岁，在位25年。

　　汉哀帝刘欣（前27～前1），汉元帝孙、汉成帝侄。
汉哀帝继位初期，以左将军师丹代替王莽担任大司马辅佐
朝政。下达一系列诏令，如限田、限奴婢令，约束乐府
令，颁诽谤欺诋法，以十万兵力戍边，企图摆脱汉衰厄
运。病逝，终年26岁，在位6年。

　　汉平帝刘衎（前9～6），汉元帝之孙。即位后诏令各诸侯王、公等无子而有孙或养兄弟之子为嗣的，皆可为爵位继承人。劝勉发展农桑，封赐圣贤之后为侯，征集天下精通经术者到京。被毒杀，时年14岁，在位5年。

　　汉孺子刘婴（5～25），是汉宣帝的玄孙。汉平帝死后，刘婴以皇太子出面，王莽做摄皇帝。刘婴做了3年皇太子，4岁即被囚，长大后六畜不识，话也说不清楚，成了傻子。谓为"孺子"，世称"孺子婴"。遭囚被杀，时年21岁。

　　新朝（9～23），是继西汉后由外戚王莽（前45～23）建立的朝代。王莽废汉孺子刘婴后，为"新朝"开国皇帝，改国号为新，史称"新莽"。称帝后进行了多项改革，如推行王田制、禁赏奴婢、改革币制等。朝令夕改，最终失败，死于战乱，在位16年。

　　更始帝刘玄（？～25），自称是西汉皇裔，汉景帝刘启之子长沙定王刘发之后。义军将领共商议立刘玄为天子。大赦天下，尽封宗室及诸将为列侯100多人。刘玄素来懦弱，见朝拜场面，羞愧流汗，连话也说不出来。被杀害，在位3年。

　　汉光武帝刘秀（前5～57），汉景帝六世孙。刘秀随
兄刘演起兵，光复汉室，史称后汉或东汉。经长达12年
的统一战争，励精图治。提倡"柔道"治国，改革官制，
优待功臣，大兴儒学，多权谋，慎操事，开创"光武中
兴"时代。病逝，享年62岁，在位32年。

　　汉明帝刘庄（28～75），光武帝刘秀第四子，东汉第二任皇帝。即位后遵奉光武帝遗志，提倡儒学，为政苛察，总揽权柄，严令后妃之家不得封侯干政，令班超出使西域，引进佛教。与其子在位时期，吏治清明，社会安定，史称"明章之治"。病逝，时年48岁，在位18年。

　　汉章帝刘炟（56～88），汉光武帝之孙，汉明帝第五子，东汉第三任皇帝。继承大统，励精图治，注重农桑，兴修水利，减轻徭役，衣食朴素，"与民休息"，派班超出使西域，使其重新称藩于汉。召开白虎观会议，发展儒学，与其父统治时期史称"明章之治"。病逝，时年33岁，在位15年。

汉和帝刘肇（79～106），汉章帝第四子，东汉第四位皇帝。皇太子刘肇继位时年幼，养母窦皇后为皇太后，并临朝称制。刘肇重用并联合宦官扫灭窦氏戚族，下诏纳贤。重民本，薄赋敛，四夷宾服，国力极盛，称"永元之隆"。病逝，终年27岁，在位18年。

　　汉殇帝刘隆（105～106），汉和帝少子，养于民间，
东汉第五任皇帝。登基时离出生刚满百天，是历史上继位
年龄最小的皇帝，皇太后邓绥临朝听政。注重劝农，反对
淫祀，革除弊端，以"柔道"制天下，力主教化。2岁夭
折而亡，史称"百日皇帝"。

汉安帝刘祜（94～125），汉章帝刘炟之孙，东汉第六任皇帝，即位时由邓太后专权，朝廷内忧外患，百事多艰。汉安帝亲政后重用宦官，派班超之子班勇为西域长史。击退匈奴，降服车师，使中原与西域再次畅通。南游途中病死。享年31岁，在位19年。

　　汉顺帝刘保（115～144），汉安帝之子，东汉第八任皇帝。前少帝刘懿继位七个月而驾崩，汉顺帝的皇位是靠宦官合力拥立的，故将大权交给宦官。宦官又与外戚梁氏勾结，弄权专横，开始了长达20多年的梁氏专权，朝廷更加腐败，百姓怨声载道。病逝，时年30岁，在位20年。

　　汉冲帝刘炳（143～145），汉顺帝之子，东汉第九任皇帝。刘炳2岁继位，尊汉顺帝皇后梁妠为皇太后，并让其临朝摄政。即位后，外戚梁氏把持朝政，梁妠的哥哥大将军梁冀飞扬跋扈，朝廷腐败，民不聊生。病死，年仅3岁，在位1年余。

　　汉质帝刘缵（138～146），汉章帝玄孙，东汉王朝第
十任皇帝。年幼的汉冲帝去世后，权臣梁冀拥立年仅8岁
的刘缵为帝，由是气势凌人，专横跋扈，小小年纪的刘缵
不服，叫其"此跋扈将军也"，梁冀衔恨忌畏，私行以毒
饼杀害。时年9岁，在位1年。

　　汉桓帝刘志（132～168），汉章帝刘炟曾孙。东汉第十一任皇帝。刘志爱好佛事，荒淫无度，即位后大权仍在宦官之手。卖官鬻爵，党同伐异，激起朝野不满。世家豪族与太学生联合反对宦官，李膺等二百余人被捕，形成第一次党锢之祸。病逝，终年36岁，在位20年。

　　汉灵帝刘宏（157～189），汉章帝玄孙，东汉第十二任皇帝。刘宏被外戚窦氏挑选为继承人，即位后施行党锢及宦官政治。设置西园，巧立名目搜刮钱财，卖官鬻爵，以用享乐。鲜问政务，喜好辞赋，作有《皇羲篇》等。病逝，享年33岁，在位21年。

　　刘辩（176～190），汉灵帝嫡长子。年幼，实权握在临朝称制的母亲何太后和母舅大将军何进手中。外戚与宦官火并后被迫出宫，回宫后又受制于以"勤王"为名的军阀董卓，后胁迫下自尽，年仅15岁，为东汉唯一被废黜的皇帝。在位1年。

　　汉献帝刘协（181～234），汉灵帝次子。幼为董太后抚养，举止端庄。在司空董卓拥立下即帝位，后受到挟持，在董承等护送下，逃出长安，附于兖州牧曹操，使其获"挟天子以令诸侯"的地位。在魏王曹丕逼迫下，退位禅让，病逝，终年53岁，在位31年。

第八部分

民族交融的魏晋南北朝

王朝更迭频繁　胡汉交融紧密

这是一个朝代更迭频繁、分裂战乱不断的时代，也是个胡汉交融、南北会通的时代，"中华"一词就出现于此时。这更是个英雄辈出的时代，其中登基称帝称王的就有七十九位，另有四位为追尊。此时段思想异常活跃，开始出现儒、佛、道"三教合一"的局面，文学、绘画、石窟艺术等打上了民族融合的烙印。

　　魏武帝曹操（155～220），字孟德，曹魏的奠基者。少时机警，不事行业。二十岁时，举孝廉为郎，后散家财起兵，与袁绍等共讨董卓。官渡之战大捷后，击破乌桓，统一北方，累功进位丞相，与孙权、刘备联军展开赤壁之战，败退而归。三下《求贤令》，唯才是举。病死于洛阳，享年65岁。曹丕称帝后，追尊曹操为武皇帝。

　　魏文帝曹丕（187～226），曹操嫡长子。自幼文武双全，尤擅五言诗。受禅登基后，实施九品中正制，集中皇权，整肃官风。平定北方割据势力，击退鲜卑，与匈奴、羌修好，恢复西域都护建置，攻吴防蜀。结束了汉朝四百多年统治。病逝，享年39岁，在位6年。

　　魏明帝曹叡（204～239），魏文帝长子，曹魏第二位
皇帝。在位时指挥曹真、司马懿等成功防御了吴、蜀多次
攻伐，且平定鲜卑。设置律博士制度，重视狱讼审理，制
《魏律》。处事刚毅，独揽大权。能诗文，与曹操、曹丕并
称魏氏"三祖"。病逝，享年36岁，在位12年。

　　魏齐王曹芳（232～274），魏明帝养子，曹魏第三位皇帝。即位后遵照魏明帝的遗命，以大将军曹爽、司马懿辅佐。下诏在魏武帝庙庭中祭祀21位辅佐曹操之功臣。讨伐高句丽，诸部来降。鲜卑族南下归附。竹林七贤活跃于此。为司马师所废，病逝，终年43岁，在位16年。

　　高贵乡公曹髦（241～260），魏文帝之孙，曹魏第四位皇帝。爱好儒学，擅长诗文，创制九言诗，亲赴太学论道，文才武略，留心政事，崇拜少康，一身傲骨。不满司马氏专权，亲自讨伐，为太子舍人成济所弑，年仅19岁，在位6年。

　　魏元帝曹奂（244～302），魏武帝之孙。三国时期魏
国末代皇帝。曹奂名为皇帝，实为司马氏的傀儡。即位后
恢复五等爵位制，迫降汉后主刘禅，力防东吴。司马炎篡
夺魏国政权后，曹奂被降封为陈留王。病逝，享年58岁，
在位5年。

　　昭烈帝刘备（161～223），刘弘之子，西汉中山靖王刘胜之后，蜀汉开国皇帝。少年时拜卢植为师，混战中屡败，但能弘毅宽厚而受尊，赤壁之战后，建立蜀汉政权。有"三顾茅庐"之美誉，受《隆中对》，临死前托孤给诸葛亮，病逝于白帝城，享年62岁，在位2年。

　　蜀后主刘禅（shàn）（207～271），刘备之子，小名阿斗，三国时期蜀汉末代皇帝。天资仁敏，自幼学《申子》《韩非子》《左传》等，相父诸葛亮督教，还令其学武。即位后与孙权修好，停止征战，与民生息。投降后受封安乐公。病逝，享年65岁，在位40年。

　　吴大帝孙权（182～252），孙坚次子。三国时期孙吴的建立者，孙权继孙策掌事，为一方诸侯。被魏文帝册封为吴王，与刘备联盟，赤壁之战击败曹操。称帝后迁都建业，创立农官，实行屯田，设置郡县，发展江南。病逝，享年71岁，在位24年。

　　会稽王孙亮（243～260），吴大帝第七子，三国时期吴国第二任皇帝。幼聪，10岁即帝位。15岁亲政，大权把持在受托孤大臣手中。内无贤辅。外戚谋事不慎，政变频频却无果，少有惠民。在前往被贬封地途中被毒杀，年仅18岁。在位8年。

　　吴景帝孙休（235～264），吴大帝第六子，三国时期吴国第三任皇帝。孙休好文，在位期间，颁布良制，嘉惠百姓，创建国学，教育兴邦。丞相孙綝骄横放肆，孙休与张布、丁奉合谋诛杀孙綝。好读典籍，力倡农桑，大大促进了东吴的经济繁荣。病逝，时年29岁，在位6年。

　　乌程侯孙皓（242～284），又称归命侯，吴大帝之孙，三国时期吴国末代皇帝。富有才气，能吟诗，有书法造诣。在位初期，开仓振贫，减省宫女，施行明政，以得民心。治国有成后沉溺酒色，酷刑所滥，与下多忌，昏庸暴虐。后战败请降，病死，终年42岁，在位16年。

　　晋宣帝司马懿（179～251），三国时期曹魏政治家，
西晋王朝的奠基者。自幼聪明多略，善谋奇策。因支持曹
操掌权而获信用，让其佐助曹丕。曹丕临终时，令司马懿
与曹真等为辅政大臣，辅佐魏明帝曹睿。明帝死后，托
孤幼帝曹芳于司马懿和曹爽。后起兵政变，主掌朝政。病
逝，享年73岁。为晋武帝追尊为宣皇帝。

　　晋景帝司马师（208～255），三国时期曹魏权臣，
西晋王朝的奠基者之一，晋宣帝司马懿与宣穆皇后长子。
为人沉稳，治军有略。司马懿死后，以抚军大将军辅政，
推荐贤才，整顿纲纪。平乱回师途中被惊吓，眼有瘤疾，
活活痛死，时年48岁，被追尊为景皇帝。

　　晋文帝司马昭（211～265），西晋王朝的奠基人之一。为晋景帝司马师之弟。44岁继兄司马师为大将军，专揽国政。魏帝曹髦被弑后，司马昭立曹奂为帝。爱才好士，治政有谋，"司马昭之心，路人皆知"出典于此。司马昭病逝，时年55岁，司马炎代魏称帝后，被追尊为晋文帝。

晋武帝司马炎

　　晋武帝司马炎（236～290），晋宣帝司马懿之孙，晋朝开国皇帝。逼迫魏元帝曹奂禅位，建立了晋朝，革新政治，厉行节俭，推行三省制度，颁行户调式。灭掉吴后，实现了全国统一，颁《泰治律》、行"都督制"、罢州郡兵，出现"太康之治"。后又怠惰政事，病逝，时年55岁，在位25年。

　　晋惠帝司马衷（259～307），晋武帝次子，西晋王朝第二任皇帝。8岁册为皇太子；有"何不食肉糜"之言。31岁正式即位，痴呆不任事，由太傅杨骏辅政。"八王之乱"时，赵王司马伦篡位，诸王辗转挟持，沦为傀儡。突然去世，终年48岁，在位17年。

　　晋怀帝司马炽（284～313），晋武帝第二十五子，西晋第三任皇帝。勤自守，好史籍，即位后，遵循旧制，太傅辅政，废除诛灭三族之刑。匈奴等少数民族建立独立政权，"五胡乱华"萌动，怀帝在逃往途中被俘，太子被杀，史称"永嘉之变"。被毒杀，时年30岁，在位7年。

晋愍帝司马邺（300～318），晋武帝之孙，西晋末代皇帝。在晋怀帝被刘聪俘虏时，被大臣拥戴为皇太子，承制行事。13岁即皇位于长安，联合幽州、并州等军力，对抗外侵。后投降汉赵，此时皇室、世族纷纷南迁。被杀，终年18岁。在位5年。

　　晋元帝司马睿（276～323），司马懿曾孙，东晋开国皇帝。在晋朝宗室与南北大族拥戴下，42岁即位，重用王导，称其"仲父"，处于"王与马共天下"局面。他维持偏安，能克己勤俭，优待南方士民，与人为善。后忧愤病逝，享年47岁，在位6年。

　　晋明帝司马绍（299～325），晋元帝长子，东晋第二任皇帝。聪明敏捷，随机断事。23岁即位，重用丞相王导。时遇饥荒战乱，死疫过半，明帝行孝仁，务简约，潜心谋划，制衡权臣世家，平定叛乱，肃清大凶，稳定大局。病死，年仅26岁，在位4年。

　　晋成帝司马衍（321～342），晋明帝长子，东晋第三任皇帝。4岁即位后由皇太后临朝听政，后由王导与庾亮辅政。成帝诏举贤良，劝课农桑，力倡简节，克俭于躬，一改奢侈浮华之风。病死，年仅22岁，在位18年。

　　晋康帝司马岳（322～344），晋明帝次子，东晋第四任皇帝。晋成帝病情加重时，他的两个儿子尚在襁褓中。立弟司马岳为皇位继承人。即位后秉承前政，令官员不得擅离职守奔丧，并大赦天下。委托庾冰等处理政务。擅书法，有代表作《陆女帖》。病死，年仅23岁，在位2年。

　　晋穆帝司马聃（343～361），晋康帝之子，东晋第五任皇帝。年仅两岁的司马聃即帝位后，由其母皇太后摄政，朝事则先后由宰相何充、蔡谟、皇族会稽王等人把持。对北方割据政权进行抗战，互有胜负，处于相持。死时年仅19岁，在位17年。

　　晋哀帝司马丕（341～365），晋成帝长子，东晋第六位皇帝。20岁时在皇太后扶持下即位。在位时期，大赦天下，关注民生，有"躬耕"之誉。军阀斗争不断，大司马桓温执政，北方鲜卑慕容部日益猖獗，多次南侵，导致东晋虚耗国力。后中毒病亡，年仅25岁，在位5年。

　　海西公司马奕（342～386），晋成帝次子，东晋第七任皇帝。司马奕即位后，大赦天下。桓温掌握朝政，执意废掉司马奕而自立为皇帝，但司马奕德才兼备，并无过失可言，桓温强指其阳痿不能生育子嗣，下诏废为东海王。中毒身亡，终年45岁，在位6年。

　　晋简文帝司马昱（320～372），晋元帝幼子，东晋第八任皇帝。他历经元、明、成、康、穆、哀、废帝七朝，先后封琅琊王、会稽王等。即位后，受桓温牵制，与桓温抗衡。尤善玄言，谓为清谈皇帝，时为玄学丰饶期。有志未达，忧愤而病死，终年53岁，在位2年。

　　晋孝武帝司马曜（362～396），晋简文帝第六子，东
晋第九任皇帝。11岁即位后。最初由大司马桓温辅政。在
谢安等的辅佐下，击败前秦大军，赢得淝水之战的胜利，
伸张并强化了皇权。改革赋税，弘扬佛教，标榜儒学。被
谋杀，年仅35岁，在位24年。

　　晋安帝司马德宗（382～419），晋孝武帝长子，东晋第十任皇帝。司马德宗愚笨，冬夏不分，更不擅说话。即位时内乱频发，诸多将军实为自立，不受君命。刘裕追杀桓玄后，独掌大权，矫安帝诏以令外地刺史。被杀，时年37岁，在位12年。

　　晋恭帝司马德文（386～421），晋孝武帝次子，东晋末代皇帝。刘裕杀晋安帝，立司马德文为帝。司马德文不辨饥寒，权臣当政，被废为零陵王，刘裕又派人以棉被闷死他，为历史上首位遭杀的禅让君王，东晋自此灭亡。终年36岁，在位2年。

　　宋武帝刘裕（363～422），汉代楚元王刘交之后，南北朝时期刘宋王朝的开国皇帝。自幼家贫，称帝后多次遣使访民间疾苦，轻徭薄赋，废除苛法，重用寒士，举善旌贤，终结了门阀专政时代，有"南朝第一帝"之称。病重去世，享年60岁，在位3年。

　　宋少帝刘义符（406～424），宋武帝长子，刘宋第二任皇帝。少帝有膂力，善骑射，解音律。17岁即帝位后，童心未泯，好为游狎之事。不听谏言，居丧无礼。北魏兵犯境，作战失利，将军自勃，国人惊惶，全然不管。被废遭杀，年仅19岁，在位2年。

　　宋文帝刘义隆（407～453），宋武帝第三子，刘宋第三任皇帝。17岁即位，秉承先父的治国方略，整顿吏治，广开言路，清理户籍，免除宿债，实行劝学、兴农、招贤等策，与民生养，经济文化日趋繁荣，史称元嘉之治。三度出师北伐无果。被杀害，享年47岁，在位30年。

　　宋孝武帝刘骏（430～464），宋文帝第三子，南朝宋第五任皇帝。机智聪颖，才藻甚美。当太子刘劭弑父即位后，他亲率大军讨伐，很快夺取了皇位。在位期间，提拔寒士，整顿刑律，赦免奴婢，改革税制，发展农桑，尊孔崇佛，恢复礼乐。病死，年仅35岁，在位11年。

　　宋前废帝刘子业（449～466），宋孝武帝长子，刘宋第六任皇帝。刘子业15岁即位，凶残暴虐，滥杀大臣，就连他的叔叔也没能幸免。曾命令宫女赤裸身体相互追逐嬉笑，有拒者遭杀，实为乱伦暴君。被叔叔刘彧等弑杀，时年17岁，在位2年。

　　宋明帝刘彧（439～472），宋文帝第十一子，刘宋朝
第七任皇帝。杀侄即位后，宽仁待人，文采有余，武功不
足。平定刘子勋"义嘉之难"及方镇叛变后，对叛军大多
予以赦免。为防范宋孝武帝诸子夺位，又屠杀皇亲宗室，
并诛杀功臣名将。病死时年仅34岁，在位6年。

　　宋后废帝刘昱（463～477），明帝长子，少时聪明好动，刘宋朝第八任皇帝。3岁立为太子，9岁即帝位。五位顾命大臣辅佐朝政。此人生性凶狠，残暴无忌，随意打杀路人，以驾车辗人，将婴儿头颅踩碎取乐，为中国历史上年纪最小的暴君。被斩杀，年仅15岁，在位5年。

　　宋顺帝刘准（467～479），宋明帝第三子，后废帝弟，刘宋末代皇帝。后废帝刘昱被弑，年仅10岁的刘准在萧道成的拥立下即位，封萧道成为相国、齐王。名义上是皇帝，但权力都被萧道成掌握。在变乱中被杀时才13岁。在位3年。

　　齐高帝萧道成（427～482），西汉丞相萧何二十四世孙，南齐开国皇帝。广览经史，能文擅书，废黜刘昱，拥立宋顺帝刘准，自封齐王。逼宋顺帝颁诏禅位，萧道成由是建立南齐，俭约清明，减免负担，宽简刑罚和赋税。因重病去逝，终年56岁，在位4年。

　　齐武帝萧赜（440～493），齐高帝长子，南齐第二任
皇帝。39岁时被立为皇太子，42岁即位。在位时秉承齐
高帝遗志，崇尚节俭，施行富国政策。关注民生，兴办学
校，培育德行，与北魏通好，是英明刚断的君主。病死，
终年53岁，在位11年。

　　齐废帝郁林王萧昭业（473～494），齐武帝之孙，南朝齐第三任皇帝。容貌俊美，喜好隶书，20岁即位，由萧子良与萧鸾辅政。即位后一改不喜奢侈之貌，弃礼亡律，滥发赏赐，与庶母霍氏通奸，毫无国君姿态。被弑，终年21岁，在位1年。

　　齐废帝海陵王萧昭文（480～494），齐武帝之孙。南
北朝时期南朝齐第四任皇帝，14岁萧昭文即帝位后，朝
政大权掌握在萧鸾手中。又以年幼多病，不明政事，被废
黜帝位，降封为海陵王，而由萧鸾登基。后遭杀害，年仅
15岁，在位只75天。

　　齐明帝萧鸾（452～498），齐高帝之侄，南齐第五任皇帝。少年丧父，由叔父萧道成抚养长大。以齐高帝第三子身份继位后，以"去外忧当除内患为先"猜忌同宗，自翦宗枝，将萧道成与萧赜子孙屠戮殆尽。崇信道教。病故，终年46岁，在位4年。

　　东昏侯萧宝卷（483～501），齐明帝萧鸾次子，南朝
齐第六任皇帝。自幼口吃，不爱读书。15岁即帝位，骄
奢淫逸，秉承父训，对宰辅大臣加以诛杀。不修德行，宠
信潘妃，任用奸佞，众叛亲离。被贬为东昏侯，为宦官所
杀，年仅18岁，在位3年。

　　齐和帝萧宝融（488～502），齐明帝第八子，南齐末代皇帝。13岁的萧宝融即帝位，大赦天下，文武官员赐位二等。太后临朝称制，大司马萧衍为相国，总摄政务，被迫禅位于萧衍。被杀害，年仅15岁，在位3年，南朝齐至此灭亡。

　　梁武帝萧衍（464～549），为西汉相国萧何二十五世
孙，南北朝时期梁朝的建立者。逼迫萧宝融"禅位"，即
帝位后建立南梁。纠正弊端，选用良吏，唯才是务，宽待
宗室，更换异己。晚期怠于政事，"侯景之乱"爆发，萧
衍被囚死，享年85岁，在位47年。

　　梁简文帝萧纲（503～551），梁武帝第三子，南梁第三任皇帝。46岁即皇帝位，实行大赦。爱好文学，性优柔寡断。在刺史任上，革除贪惰，北伐有功。体恤民瘼，东宫时纠既枉且滥之弊。侯景之乱中，初投身救亡，后被废黜为晋安王。被侯景害，时年49岁，在位3年。

　　梁元帝萧绎（508～555），梁武帝第七子，南朝梁第
六任皇帝。一眼失明，酷爱文艺。侯景之乱，坐观不理，
酿成梁武帝被侯景逼死。自视被藏书所误，称世间"文武
之道"丧尽，即位后派人将自己所藏书十四万卷焚烧以尽，
此为中华文化浩劫之一。被杀害，终年47岁，在位3年。

　　梁敬帝萧方智（543～558），梁元帝第九子，南梁末代皇帝。12岁的萧方智正式登基，大小事皆决于陈霸先。萧方智禅位于陈霸先，陈霸先派人将萧方智萧文华父子杀害，萧方智年16岁，文华年仅2岁，南梁灭亡。在位3年。

　　陈武帝陈霸先（503～559），汉太丘长陈寔之后，南北朝时期陈朝开国皇帝。幼时家贫，有帝王之相。涉猎史籍，尤喜兵书，一身武艺。萧方智禅位后，54岁的陈霸先称帝。克勤自律，如此不喜声色犬马的君主实为少见。在位3年。

陈文帝陈蒨（520～566），陈武帝侄，南北朝时期陈朝第二任皇帝。早年深受叔父陈霸先栽培，仪容秀美，研读经史。在陈霸先死时密不发丧情况下即位，励精图治，整顿吏治，注重农桑，国势强盛，史称"天嘉之治"。在位8年。

陈废帝（临海王）陈伯宗（552～570），陈文帝长子，南陈第三任皇帝。文帝死后即位，因年幼由叔父安成王陈顼辅佐。后陈顼发动政变，以皇太后名义下诏废黜陈伯宗帝位，将其降封为临海王。被杀害，年仅19岁，在位2年。

　　陈宣帝陈顼（530～582），陈武帝陈霸先之侄，南陈第四任皇帝。少时宽厚大度，容貌俊美，富有才略。陈顼废陈伯宗，自立为帝，独揽大权。在位期间，兴修水利，开垦荒地，鼓励农桑，北伐平叛，经济发展，社会稳定。病故，终年53岁，在位14年。

陈后主陈叔宝（553～604），陈宣帝长子，南陈末代皇帝。29岁即位志"思播遗德"，下诏劝农、求贤、禁奢，先后10次大赦天下，能听批逆龙鳞之言，精通音乐。后耽于酒色，荒废朝政。被杨坚掳至长安，仍醉生梦死。病故，终年52岁，在位7年。

　　北魏道武帝拓跋珪（371～409），北魏王朝开国皇帝。在魏王时励精图治，实行改革。15岁称帝时，始置五经博士，"好老子之言"，崇尚佛、道，在征战中对和尚、道士加以尊敬。刚愎自用，猜忌多疑，大失良臣。宫廷政变中，遇弑身亡，终年39岁，在位24年。

　　北魏明元帝拓跋嗣（392～423），北魏王朝第二任皇帝。自幼睿智，非礼不动。即位后拔贤任能，劝课农桑，平息叛乱时没有扩大打击面。内迁民众，整治流民，抚恤百姓。改革官制，重视招汉族士人参政。内修庶政，外拓疆土。因病去逝，时年32岁，在位14年。

北魏太武帝拓跋焘（408～452），明元帝拓跋嗣长子，北魏王朝第三任皇帝。16岁即位，心怀"混一戎华"之志。劝课农桑，减轻赋税，提拔忠良，恪守节俭，是有为明君。偃武修文，推行楷式文字，奠定魏碑基础。被弑，时年45岁，在位29年。

　　南安隐王拓跋余（？～452），太武帝之子，北魏王朝第四任皇帝。太武帝被弑杀后即位，自虑无按长幼顺序登基，以厚赐大臣，收买人心，国库挥霍殆尽。喜欢醉酒，纵情声色，不问政事，引起官民愤恨，被弑。在位1年。

百字一帝：中国历代帝王画传

　　北魏文成帝拓跋濬（440～465），太武帝拓跋焘之孙，北魏王朝第五任皇帝。聪明敏达，风仪异常。拓跋余遇弑后，即帝位，诛杀权臣宗爱。在位期间，平定内乱，改革官制，休养生息，大兴佛教，始建云冈石窟。26岁病逝，在位13年。

　　北魏献文帝拓跋弘（454～476），北魏文成帝长子，
北魏王朝第六任皇帝。仁孝纯至，礼敬师友。其父拓跋
濬逝世，11岁的拓跋弘登基后，太后摄政，秉行道武帝
之策，崇文重教，轻赋慎刑。喜玄好佛，23岁病死，在
位12年。

　　北魏孝文帝拓跋宏（467～499），献文帝拓跋弘的长子，北魏第七任皇帝。5岁即位，祖母太后临朝。博涉史传，精通五经。23岁亲政后，躬总大政，整顿吏治，立三长制，实行均田制；改革鲜卑旧俗，以汉语代替鲜卑语。严惩反叛，是有为之君。病逝，年仅33岁，在位28年。

　　北魏宣武帝元恪（483～515），孝文帝次子，北魏王朝第八任皇帝。16岁时即位，"六辅"秉政。扩建洛阳城，巩固汉化基础。征南朝攻柔然，拓展疆域，国势盛极，是有为明君。笃信佛教，兴建寺庙，废除"子贵母死"制。后期外戚高肇专权后日衰。33岁病逝，在位16年。

　　北魏孝明帝元诩（510～528），宣武帝元恪次子，北魏王朝第九任皇帝。幼年继位，权臣元叉、母后胡氏相继擅权乱政，元诩不满胡太后专权，18岁时密诏晋阳军阀进京勤王。密诏外泄，元诩被胡氏毒杀，年仅19岁，在位13年。

北魏孝庄帝元子攸（507～531），献文帝拓跋弘之孙，北魏王朝第十任皇帝。少为元诩伴读，俊美有勇。出征时不惜血本，将国库财物摆出，放置城下，以此招募城中敢死之士前往杀敌。后被俘缢杀于佛寺，年仅24岁。在位3年。

　　北魏长广王元晔（509～532），南安惠王拓跋桢之孙，北魏王朝第十一任皇帝。21岁的元晔在权臣尔朱世隆拥立下即位，性轻躁有膂力，可无才能，由尔朱氏把持大权。尔朱世隆以"庸弱"为由逼其禅让，降为东海王。被赐死，年仅23岁，在位1年。

　　北魏节闵帝元恭（498～532），献文帝拓跋弘之孙，北魏第十二任皇帝。幼时端谨仁孝。沉潜藏匿，近8年不说话，不与人交往，曾被诬告有反叛图谋。33岁即帝位，即行改制，触动旧党权益，被高欢所废，旋被杀，时年35岁，在位2年。

　　北魏后废帝元朗（513～532），即安定王，太武帝拓跋焘五世孙，北魏第十三任皇帝。初为渤海郡太守，18岁即位后，任命高欢为丞相，大赦天下，文武百官普加四级。翌年高欢攻入洛阳，迫其逊位，封为安定郡王。被杀，年仅19岁，在位2年。

　　北魏孝武帝元修（510～535），孝文帝元宏之孙，北魏末代皇帝。喜好武事，沉稳厚重，22岁时在大将军高欢拥立下即帝位，后不满高欢专政，迁都长安，投奔宇文泰。为丞相宇文泰所弑，时年25岁，在位3年。自后北魏分裂成为东魏和西魏。

　　东魏孝静帝元善见（524～552），北魏孝文帝元宏曾孙，东魏皇帝。有孝文帝风范，喜好文学，11岁时在权臣高欢拥立下即位，丞相高欢辅政。齐王高洋逼其禅位，建立北齐。旋被毒死，东魏灭亡，年仅28岁，在位17年。

　　齐文宣帝高洋（526～559），齐神武帝高欢次子，北齐开国皇帝。高洋迫东魏孝静帝禅位称帝，改号为齐，史称北齐。在位初期奋发图强，厉行改革，劝农兴学，并省州郡县，减冗官，禁贪污，征伐四方，威震戎夏。是有为明君，被称为"英雄天子"。饮酒过度而亡，年仅34岁，在位10年。

　　齐废帝高殷（545～561），齐文宣帝高洋长子，北齐王朝第二任皇帝。宽厚仁智，君王风度。齐文宣帝去世，14岁的高殷即位后，以文宣为崇，励精图治，推行改革，伤及旧臣。太傅常山王高演兵变篡位，囚禁后被杀，年仅17岁，在位2年。

　　齐孝昭帝高演（535～561），神武帝高欢的第六子，南北朝时期北齐第三任皇帝。文治武功兼盛，注重民生，释放奴隶，致力屯田，广设粮仓，依法量刑，宣传汉文化。亲征讨伐，北出长城，却敌千里。年仅27岁病故，在位2年。

　　齐武成帝高湛（537～569），神武帝高欢第九子，北齐第四任皇帝。为高欢所宠，24岁即位后，宠幸奸佞，淫乱皇嫂，肆意诛杀宗室及大臣，导致朝廷混乱，社会动荡，国势日益衰败。32岁时因酒色过度而亡，在位5年。

齐后主高纬（556～577），齐武成帝高湛次子，北齐第五位皇帝。自幼爱好文学，在位时任用奸佞，荒淫无道。诛杀功臣，自毁长城，朝廷摇摇欲坠。禅位于皇太子高恒，率幼主等降陈朝，被降封温国公。后被赐死，年仅21岁。在位11年。

　　齐少帝高恒（570～577），齐武成帝高湛之孙，北齐末代皇帝。北周攻北齐，齐军屡败。高纬禅位于7岁的儿子高恒，当即位才24天，京师沦陷，东遁中被北周军俘虏，宗室全被赐死，少帝年仅7岁，在位不足1年。北齐至此灭亡。

　　西魏文帝元宝炬（507～551），魏孝文帝元宏之孙，西魏开国皇帝。28岁即帝位后，西东两魏相战连绵。任用苏绰进行改革，立计账和户籍制。颁行尽地利、均田制及敦教化等诏令，推行府兵制，提倡鲜卑族与汉人通婚，是有为明君。因病去世，时年45岁，在位17年。

　　西魏废帝元钦（525～554），元宝炬嫡长子，西魏王朝第二任皇帝。26岁即位，丞相宇文泰独揽朝政，革新军政方针，多次抵抗东魏进攻。元钦不甘傀儡皇帝身份，对于元烈之死愤愤不平，但密谋诛杀宇文泰之计泄露，反为宇文泰所废，幽禁后惨遭毒死，年仅29岁，在位3年。

西魏恭帝元廓（537～557），孝文帝元宏曾孙，文帝元宝炬第四子，西魏末代皇帝。继位后，宇文泰自封太师，仍专权干政，推行东汉末年的州郡县制及均田制，国力趋强，有效抗击东魏。元廓后被威逼禅位给宇文觉成北周，被杀死，年仅20岁，在位3年。

　　周孝闵帝宇文觉（542～557），周文帝宇文泰第三子，北周开国国君。15岁时，在堂兄宇文护的扶持下即位称天王，号周，史称北周。宇文觉亲自执政时，与宇文护争权，宇文护逼迫宇文觉逊位。宇文觉后被贬遭杀，年仅16岁，在位1年。

　　周明帝宇文毓（534～560），周文帝宇文泰长子，北周王朝第二任皇帝。宇文毓以称王不足以威武天下，改称皇帝。励精图治，崇尚节俭，澄清吏治，修撰典籍《世谱》。宇文护见其有主见，惧失权设法暗害宇文毓，被毒死，年仅26岁。在位5年。

　　周武帝宇文邕（543～578），宇文泰第四子，北周第三任皇帝。聪明俭朴，识民疾、性果决，有智谋。17岁即位后独掌朝政，推行均田制，改革府兵制，摆脱旧俗，整顿吏治，政治清明，国势强盛。病逝时36岁，在位18年。

　　周宣帝宇文赟（559～580），周武帝宇文邕长子，北周第四位皇帝。20岁即位后，制定表彰孝子贤孙、义夫节妇等九条律令。在位时大修宫殿，滥施刑罚，监视大臣，且沉湎酒色，暴虐荒淫，健康恶化。22岁病死，在位1年。

　　周静帝宇文阐（573～581），周宣帝宇文赟长子，北周末代皇帝。7岁接受父皇传位，以杨坚为辅政大臣，拜为大丞相。大赦天下，停建洛阳宫。宣帝死，静帝服丧，百官听命杨坚，后又迫静帝禅位，降封为介国公，被害时年仅9岁，在位1年。至此，北周灭亡。

走向世界的隋唐

第九部分

隋文开科取士　盛唐走向世界

隋唐五代三百七十余年间，隋有三帝，唐有二十一帝，五代时期有十三帝，最繁荣的当是初盛唐时代。被尊奉为"天可汗"的唐太宗所说的"君，舟也；人，水也。水能载舟，亦能覆舟"，乃是千古治道的精粹名言。唐是一个开放的朝代，当时世界上唯一有百万居民的大城市长安成了"万国都会"，数十万使节、商人、留学生、僧侣出入其间，同时唐人也走向了世界。

　　隋文帝杨坚（541～604），汉太尉杨震十四世孙，隋朝开国皇帝。受北周静帝禅让为帝后，锐意改革，修定刑律和制度，实行三省六部制，改州郡县三级制为州县两级制，多次减税，发展农耕，统一南北，被称为"圣人可汗"。离奇死去，终年64岁，在位24年。

　　隋炀帝杨广（569～618），隋文帝杨坚次子，隋朝第
二任皇帝。35岁即位后，修建大运河，营筑并迁都洛阳，
改州为郡，收藏典籍，尊崇儒教。西征吐谷浑、征讨流求、
三征高句丽，引发天下大乱，为宇文化及军弑害，终年49
岁，在位14年。（刘旦宅为郭志坤《隋炀帝大传》绘）

　　隋恭帝杨侑（605～619），隋炀帝杨广之孙，隋朝第三任皇帝。自幼聪慧，气度非凡，初封陈王。隋炀帝亲征高句丽时，留镇长安。唐国公李渊攻入长安，拥立为帝。江都兵变后，李渊逼杨侑禅让，不久又被废，降封酅国公，幽禁后被杀害，年仅15岁，在位2年。

　　唐高祖李渊（566～635），唐太祖李虎之孙，唐朝开国皇帝。袭封唐国公，深得隋文帝垂爱。逼迫隋恭帝禅让即位后承继隋制，实行府兵制，进行10年的统一战争。实施均田制、租庸调制。完备科举制度，推崇儒学，为"贞观之治"打下基础。病逝，享年70岁，在位9年。

　　唐太宗李世民（598～649），唐高祖次子，唐朝第二任皇帝。聪明擅长骑射，曾解救过隋炀帝。平定战乱，为建唐朝与统一立下赫赫战功。发动"玄武门之变"，即位后虚心纳谏，厉行节约，劝课农桑，与各民族融洽相处，被尊号"天可汗"，开创"贞观之治"。病死，终年52岁，在位23年。

　　唐高宗李治（628～683），唐太宗第九子，唐朝第三
任皇帝。唐太宗去世后即位，长孙无忌、褚遂良辅政。秉
承太宗制订的各项制度，编纂法律，行贞观之治，勤于政
事，先后灭西突厥、百济、高句丽。后期朝廷权力渐向武
则天手中转移。56岁病死，在位36年。

　　唐中宗李显（656～710），武则天第三子，唐朝第四任皇帝。27岁即帝位，因庸弱少才，武则天临朝断事。在位时免除租赋，设十道巡察使，置修文馆学士，实行和亲政策，把金城公主嫁给吐蕃赞普尺带珠丹。前后两次当政，55岁时被毒死，在位五年又六个月。

　　唐睿宗李旦（662～716），武则天第四子，唐朝第五任皇帝（不算唐少帝和武则天）。谦恭好学，精通书法。22岁即位，皇太后武则天垂帘听政。武周建立后，被降为皇嗣。李旦前后两度登基，50岁时因争权又禅位于子李隆基。病逝，终年55岁，一共在位8年。

　　武则天（624～705），武周开国君主，女皇。14岁入后宫，为唐太宗才人。参与朝政，与高宗并称"二圣"，高宗死后，作为唐中宗、唐睿宗的皇太后临朝称制。67岁称帝后，明察善断，多权略，能用人，奖励农桑，改革吏治。82岁病死，在位15年。

　　唐玄宗李隆基（685～762），武则天之孙，睿宗之
子。生性英明果断、多才多艺。勤于政事，拨乱反正，任
用姚崇、宋璟等贤相，励精图治，立考察制，开创了唐朝
的"开元盛世"。晚年宠信奸臣杨国忠等，导致安史之乱。
78岁病逝，在位50年。

唐肃宗至德帝像

　　唐肃宗李亨（711～762），唐玄宗第三子，唐朝第七任皇帝。安史之乱起，被任为天下兵马大元帅，负责平叛。玄宗西逃，肃宗45岁时即位，尊玄宗为太上皇，命郭子仪等将领讨伐安史叛军，收复长安、洛阳两京。52岁病死，在位7年。

　　唐代宗李豫（727～779），唐肃宗李亨长子，唐朝第八任皇帝。仁孝温恭，安史之乱中，跟随唐肃宗征讨，平定大乱。35岁即位后，起用郭子仪击破吐蕃及割据之乱，改革漕运、盐价、粮价等，实行"以养民为先"的安定方针。因病去世，享年53岁，在位17年。

　　唐德宗李适（kuò，742～805），唐代宗长子，唐朝第九任皇帝。李适以强明自任，信用文武百官，严禁宦官干政，废租庸调制，改行"两税法"，工于诗，兴起古文运动，富有中兴气象。联合回纥、南诏，打击吐蕃，扭转对外劣势。病逝，终年64岁，在位27年。

　　唐顺宗李诵（761～806），唐德宗长子，唐朝第十任皇帝。慈孝宽大，仁而善断，涉猎诸艺，擅长隶书。宠辱不惊，位居储君时间长达25年。曾组织过"奉天保卫战"的胜利。44岁即位后任用王叔文等人变法，触犯宦官和节度使利益，被迫禅位皇太子。病故，终年45岁，在位1年。

　　唐宪宗李纯（778～820），唐顺宗长子，唐朝第十一任皇帝。27岁被立为太子，数月后继承皇位。志平僭叛，励精图治，重用贤良，改革弊政，勤勉政事，取得元和削藩的巨大成果，重振中央集权威望，史称"元和中兴"。43岁病故，在位15年。

　　唐穆宗李恒（795～824），唐宪宗李纯第三子，唐朝第十二任皇帝。在位期间，宴乐不断，畋游无度。所任宰相萧俛、段文昌没有远见，认为藩镇已平，应当弭兵，失业军士只得藏于山林，不久河朔三镇复叛，躲藏的军士纷纷归附三镇。29岁病死，在位5年。

　　唐敬宗李湛（809～827），唐穆宗长子，唐朝第十三任皇帝。16岁即帝位后，耽于玩乐，尤沉迷蹴鞠和打夜狐，无心理政。任由权宦王守澄勾结宰臣李逢吉，有悖祖制，败坏纲纪，引发染工暴动事件。后为宦官所弑，年仅17周岁，在位2年。

　　唐文宗李昂（809～840），唐穆宗次子，唐朝第十四
任皇帝。为人恭俭，博览群书，喜作五言诗。18岁即位，
励精求治，释宫女三千余人，并省冗员，重用宠臣李训
等，发动"甘露之变"，图灭宦官势力。后遭软禁，抑郁
而终，年仅31岁，在位14年。

　　唐武宗李炎（814～846），唐穆宗第五子，唐朝第十五任皇帝。26岁即位，知人善任，澄清吏治，改革积弊，削弱宦官势力。内打击藩镇和毁佛运动，外挫败回鹘，保卫北疆安定，大大强化了皇权，呈现"会昌中兴"。后服丹药中毒而死，年仅33岁，在位6年。

　　唐宣宗李忱（810～859），唐宪宗第十三子，唐朝
第十六任皇帝。持重少言，工诗喜读，恭谨节俭，从谏明
察，孜孜勤政。整顿吏治，限制宗室和宦官，将死于甘露
之变中除郑注等外百官予以昭雪，击败吐蕃、平定安南，
有“小太宗”之誉。病故，终年50岁，在位13年。

　　唐懿宗李漼（833～873），唐宣宗李忱长子，唐朝第十七任皇帝。器度沉厚，洞晓音律，26岁在宦官王宗实拥立下即位，励精图治。统治后期，游宴无度、奉迎佛骨，骄奢淫逸、任人唯亲，任相不明，在位时竟任21位宰相，导致动乱。41岁病逝，在位14年。

　　唐僖宗李儇（862～888），唐懿宗李漼第五子，唐朝第十八任皇帝。喜玩马球，12岁即位时"国有九破"，权宦把持朝廷，政局混乱，引发王仙芝、黄巢起义。君臣无策，逃亡蜀郡整4年。后返京城，经襄王之乱，身体每况愈下，27岁病亡，在位15年。

　　唐昭宗李晔（867～904），唐懿宗李漼第七子，唐朝第十九任皇帝。好文重儒，21岁即位于危难中，立志恢宏旧业，驱除权宦，励精图治，尊礼朝臣，制订方略，平定战乱，号令天下。后又受制于李茂贞与朱温等，被朱温所弑，年仅38岁，在位16年。

　　唐哀帝李柷（892～908），唐昭宗李晔第九子，唐朝末代皇帝。朱温弒杀李晔后，立13岁的李柷为帝，政事由朱温决策，即位后没有颁过任何政令。在"白马之变"中吓破胆，被逼迫"禅让"帝位给朱温。被害时仅16岁，在位3年。至此，唐王朝灭亡。

　　梁太祖朱温（852～912），后梁开国皇帝。镇压黄巢义军有功，被唐僖宗赐名"全忠"，进封梁王，渐成唐末最大的割据势力。夺取帝位后搜寻贤良，压制权豪，奖励农耕，减轻租赋。因继立问题，被亲子朱友珪弑杀，享年61岁，在位6年。

　　梁末帝朱友贞（888～923），梁太祖第三子，后梁末代皇帝。朱友珪篡位时，被授为开封府尹，后朱友贞用计令禁军兵变，诛杀了朱友珪。称帝后疏远旧臣，不听老臣之谏，重用无能之辈，在梁晋争霸中胜少败多，大伤元气，被李存勖杀死，年仅36岁，在位11年。

　　后唐庄宗李存勖（xù，一作"勗"）（885～926），晋王李克用之子，后唐开国皇帝。骁勇善战，擅长谋略。即位后，征战四方，震动割据诸国，大大拓展领域。后沉湎声色，用人无力，皇后干政，杀戮功臣，死于政变，时年42岁，在位4年。

后唐明宗李嗣源（867～933），晋王李克用养子，后唐第二任皇帝。以骁勇、善射知名，辅佐李存勖建立后唐有功。即位时虽年届六十，可尽忠职守，忧国如家，除伶官，褒廉吏，罢宫人，关注民间小康。但后期姑息藩镇，以致变乱迭起，朝政混乱。终年67岁，在位7年。

　　后唐闵帝李从厚（914～934），唐明宗第三子，后唐第三任皇帝。唐明宗病重时召李从厚回京即位。他虽欲励精图治，却不识治国之道，让自恃有功者专擅朝政，对藩镇节度使随意移镇，并调整禁军。召石敬瑭入朝，后遇弑。年仅21岁，在位5个月。

　　后唐末帝李从珂（885～937），唐明宗李嗣源养子，后唐末代皇帝。虽然沉默寡言，可勇猛刚毅，跟随李嗣源征战，在后唐灭后梁之战中屡立战功。49岁即位后任用卢文纪等庸才为相，致使国事败坏。石敬瑭叛变，见大势已去而自焚，终年52岁，在位3年。

后晋高祖石敬瑭（892～942），后晋开国皇帝。寡于言笑，喜读兵书。参与后梁太祖朱温与晋王父子（李克用和李存勖）"梁晋争霸"，战功卓著。后反叛，向契丹求援，割让幽云十六州，甘做"儿皇帝"。忧郁成疾，51岁病逝，在位9年。

　　后晋出帝石重贵（914～974），后晋高祖石敬瑭养子，后晋末代皇帝。石重贵少有惠民之举，不过，很有骨气，28岁继位时不愿向契丹称臣，敢于向契丹挑战，惜他身边无德才兼备者。契丹攻后晋，国破后被俘送往契丹，病死，终年61岁，在位4年。

后汉高祖刘知远（895～948），亦名刘暠，后汉开国皇帝。厚重寡言，勇猛善战，跟随后唐明宗及后晋高祖时，屡得战功。52岁称帝，反对称臣于契丹，大赦天下，蠲免赋税。手下多为贪婪之辈，各地割据成势而朝廷无力掌控。病逝时53岁，在位1年。

　　后汉隐帝刘承祐（930～951），后汉高祖刘知远之
子，后汉末代皇帝。刘承祐深为刘知远喜爱，18岁即位，
派重臣郭威去督促诸将，讨伐叛乱。平定三镇叛乱后，仍
惧大权旁落，猜忌诛杀权臣，引发郭威叛乱。22岁时遭
弑，在位3年。

　　后周太祖郭威（904～954），五代时期后周开国君主。出身将门之家，勇力过人，协助刘知远称帝有功，受到刘承祐猜忌，发动兵变，推翻后汉。建立后周后，崇尚节俭，禁贡美食和珍宝，纳谏、改革弊政，修缮孔庙，以儒教治天下。传位于无血缘关系的柴荣。51岁病死，在位3年。

　　后周世宗柴荣（921～959），后周第二任皇帝。出身
望族，擅长骑射，略通黄老之术。33岁即位后，下诏求
谏，励精图治，立下了"十年养百姓，十年致太平"的壮
志，锐意改革，招抚流亡、减少赋税，修订礼乐、刑法
等，病故时仅39岁，在位6年。

　　后周恭帝柴宗训（953～973），后周世宗第四子，后
周末代皇帝。柴荣去世后，年仅7岁继位，符太后垂帘听
政，宰相范质等主持军国大事，重用殿前都点检赵匡胤。
陈桥兵变后，禅位于赵匡胤，降柴宗训为郑王，后周灭
亡。病死，时年20岁，在位2年。

第十部分

儒学复兴的宋朝

文人政治开其端　四大发明有其三

宋朝是上承五代十国、下启元朝的时代，北宋、南宋历十八帝、三百二十年，期间辽国有九帝、西夏有十二帝、金国有九帝。此时出现了二程的理学、荆公的新学、苏氏父子的蜀学等各派学说，展现了"百家争鸣"的可喜现象。科技发展亦突飞猛进，"四大发明"中的指南针、火药、印刷术三项都是在宋代完善和广泛应用的，对世界文明的发展产生巨大的影响。

　　宋太祖赵匡胤（927～976），宋朝开国皇帝。柴荣病重时，升为殿前都点检，受命抵御北汉及契丹联军，旋即"陈桥兵变"中逼迫后周恭帝禅位。依宰相赵普"先南后北，先易后难"之策，灭掉割据势力，强化中央集权，两次"杯酒释兵权"。暴病身亡，享年50岁，在位16年。

　　宋太宗赵光义（939～997），本名赵匡义，又名赵炅，宋朝第二任皇帝。喜好诗赋，即位后继续统一事业，鼓励垦荒。扩大科举取士，劝忠义为本，"崇文抑武"，确立文官政治。大建佛寺，力资译经，实行"修德以怀远"的外交。下诏编修《太平御览》等。病重去逝，享年59岁，在位21年。

　　宋真宗赵恒（968～1022），宋太宗第三子，宋朝第三任皇帝。爱好文学，擅长书法，"书中自有黄金屋"出自他撰《励学篇》。29岁即位，任用李沆等为相，勤于政事。北上亲征，与辽军会战，约为"澶渊之盟"，实现宋辽百年和平。后沉溺于封禅之事，广建宫观，劳民伤财。病逝，享年55岁，在位25年。

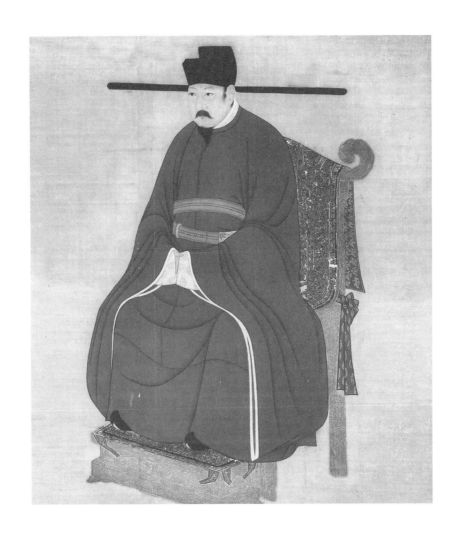

　　宋仁宗赵祯（1010～1063），宋真宗第六子，宋朝
第四任皇帝。13岁即位，皇后刘氏垂帘，23岁亲政。三
年"宋夏战争"后，签订"和议"。知人善任，名臣辈出。
励志变革，用范仲淹等开展"庆历新政"，有"仁宗盛治"
之称。病重去逝，享年54岁，在位42年。

　　宋英宗赵曙（1032～1067），宋仁宗养子、宋太宗曾孙，宋朝第五任皇帝。恭俭尽孝，即位后继续任用仁宗时的改革派重臣韩琦、欧阳修等人。大赦天下，赐百官爵加一等。广纳人才、为国选贤，裁救积弊，命司马光设局专修《资治通鉴》。抱病亲政，病逝，享年35岁，在位4年。

　　宋神宗赵顼（1048～1085），宋英宗赵曙长子，宋朝第六任皇帝。即位不久，即召王安石赴京，推行变法，史称"熙宁变法"。颁布实行均输法、青苗法、农田水利法等。抗御西夏，拓地五州。虽摇摆于新旧两党之间，但维持新政的决心未变，是有作为的皇帝。忧郁而逝，享年38岁，在位18年。

　　宋哲宗赵煦（1077～1100），宋神宗赵顼第六子，宋朝第七任皇帝。9岁即位，由祖母太皇太后高氏垂帘听政，起用司马光等，恢复旧法。22岁亲政，下令绍述并实施元丰新法，起用章惇、曾布等新党，发动两次平夏城之战，使西夏臣服。24岁病死，在位15年。

　　宋徽宗赵佶（1082～1135），宋神宗第十一子，宋朝第八任皇帝。酷爱绘画，创"瘦金体"。即位后启用蔡京施行新法，生活奢侈，采办"花石纲"。尊信道教，大建宫观，自称"教主道君皇帝"。禅让太子，"靖康之变"时，徽、钦二帝，连同后妃、宗室、百官数千人被押送北方。被囚禁九年，折磨而死，享年54岁，在位26年。

　　宋钦宗赵桓（1100～1156），宋徽宗长子，宋朝第九任皇帝。26岁时受宋徽宗禅让登基，改元靖康。钦宗与徽宗听信奸臣谗言，罢免了李纲。靖康之变时被俘虏北去，劫去的还有教坊乐工、技艺工匠、仪仗、冠服、礼器、天文仪器、珍宝玩物等。钦宗受尽屈辱欺凌，被马蹄踏死，终年57岁，在位2年。

　　宋高宗赵构（1107～1187），宋徽宗第九子，南宋第一任皇帝。博闻强记，精于书法，20岁即位，推行经界法，发展海外贸易。迫于民心，任用岳飞、韩世忠等主战派将领抗击金军，后重用主和派的秦桧等，一味求和，处死岳飞，罢免李纲等。禅位太子赵昚。病死，时年81岁，在位35年。

　　宋孝宗赵昚（shèn，1127～1194），宋太祖七世孙，南宋第二任皇帝。在位躬亲勤政，裁汰冗滥，防结朋党，禁外戚干政，整理律令，整军兴武，为岳飞平反。勉农桑，尽地利，重兴苏氏蜀学，出现"偏安一隅"的升平景象，是有为明君。享年68岁，在位27年。

　　宋光宗赵惇（1147～1200），宋孝宗第三子，南宋第三任皇帝。受宋孝宗禅位登基，初有革故鼎新之意，听取进谏，裁汰不肖者。后期病情时好时坏，无法理政，大权旁落，"政事多决于后"，偏信谗言，以致后期荒废朝政，始由盛转衰。病逝，享年54岁，在位5年。

　　宋宁宗赵扩（1168～1224），宋光宗第二子，南宋第四任皇帝。虚心好学，生活节俭，即位后任赵汝愚和韩侂胄为相，注重台谏。曾定理学为伪学，后平反昭雪，赐予朱熹最高荣誉。追封岳飞为鄂王，削桧封爵，是忠厚明君。北伐金朝失利，被迫签"嘉定和议"，又累于皇储之争。病死，享年57岁，在位30年。

　　宋理宗赵昀（1205～1264），宋宁宗赵扩的远房堂侄，南宋第五任皇帝。尊崇理学，19岁时即位，但被挟制。亲政之初立志中兴，采取罢黜史党、澄清吏治、整顿财政等措施，史称"端平更化"，是有为之君。力主联蒙灭金，后期权落贾似道等奸相之手，朝政日衰。病死，享年60岁，在位41年。

　　宋度宗赵禥（1240～1274），宋理宗之侄，南宋朝第六任皇帝。因宋理宗无子，24岁的养子赵禥即位。时金国已亡多年，而北方蒙元军队大举南下，国难之际，把军国大权交给奸臣贾似道执掌，致使朝政昏暗。酒色过度而亡，终年35岁，在位10年。

　　宋恭帝赵㬎（1271～1323），宋度宗次子，南宋第七任皇帝。在位期间朝政由太皇太后代理，前期依擅权误国的贾似道，罢免贾似道后又靠胆小的陈宜中，文天祥、张世杰的抗击主张未能履行。元占领南宋后，被送至大都，尔后到西藏出家学佛，潜心研究佛学。病死，享年52岁，在位2年。

　　宋端宗赵昰（1269～1278），宋度宗的庶长子，南宋第
八任皇帝。在危难中，文天祥等拥七岁的赵昰称帝，太后听
政，文天祥为右丞相，陆秀夫为枢密院事。在元军压迫下，
宋王室步步南逃，直至香港九龙城一带。端宗颠簸四处，惊
吓交加，染病而亡，死时仅9岁，在位2年。

　　宋怀宗赵昺（1272～1279），宋度宗第三子，南宋最后一任皇帝。6岁的赵昺被拥立为帝，宋军与元军在崖山决战，元军包围崖山，陆秀夫拒不投降，将国玺系在腰间，背着年仅7岁的赵昺壮烈蹈海而亡，十万军民及张世杰也投海殉国，南宋覆灭。

　　辽太祖耶律阿保机（872～926），辽德祖耶律撒剌长子，辽朝开国君主。勇善射骑，明达世务。并契丹余七部，44岁立契丹国，即帝位后任用汉人韩延徽等，制定法律，改革习俗，创契丹文字，兴建孔子庙、佛寺、道观等，发展农商。出征途中病逝，终年55岁，在位11年。

　　辽太宗耶律德光（902～947），辽太祖耶律阿保机次子，辽朝第二任皇帝。24岁即位，以割让燕云十六州为条件，协助石敬瑭灭后唐。采"因俗而治"方式，行南北两套官制，胡汉分治。整订赋税，奖励耕战。俘后晋出帝，亡后晋。出征返途中病死，终年46岁，在位22年。

　　辽世宗耶律阮（917～951），辽太祖长孙，辽朝第三任皇帝。魁梧擅长骑射，跟随辽太宗攻打后晋。辽太宗死后，在诸将拥立下，即位于镇州，多用汉人担任要职，承袭"因俗而治"。连年征战，谋叛不断，耗尽了国力。南征时被弑，终年34岁，在位5年。

　　辽穆宗耶律璟（931～969），辽太宗长子，辽朝第四任皇帝。为人暴虐，但能做到"上不及大臣，下不及百姓"，曾多次下诏减免赋税。对近侍极端残忍，常滥刑滥杀。后期因疾恙缠身而酗酒荒政，被弑杀，终年39岁，在位19年。

　　辽景宗耶律贤（948～982），辽世宗次子，辽朝第五任皇帝。继位之初，处理穆宗被弑后辽朝的政治危机。在位时孜孜求治，安抚皇室，拨乱反正，宽减刑法，重用汉官，确立嫡长子继承制，讨伐北汉。体弱多病而逝世，终年34岁，在位14年。

  辽圣宗耶律隆绪（972～1031），辽景宗耶律贤长子，辽朝第六任皇帝。11岁为皇帝，皇太后萧绰奉遗诏摄政。精射法，好绘画。37岁亲政，实行改革，整顿吏治，仿照唐制，开科取士，重用汉官。亲征并败宋订立"澶渊之盟"。病重而逝，时年59岁，在位48年。

　　辽兴宗耶律宗真（1016～1055），辽圣宗长子，辽朝第七任皇帝。爱好儒学，豁达大度，15岁即位初生母掌政，后率近卫军铲除母后党羽的势力。对外多次用兵西夏，对宋施压，兵戈不息。外出巡幸时身染重病而亡，终年39岁，在位24年。

　　辽道宗耶律洪基（1032～1101），辽兴宗长子，辽朝第八任皇帝。23岁登基，颇好汉文化，汉诗气象磅礴。在位期间，先有重元之乱、后有耶律乙辛擅权乱政，忠奸莫辨。对宋通好，崇拜佛教，嘱咐子孙"切勿生事"。病逝，终年70岁，在位47年。

　　辽天祚帝耶律延禧（1075～1128），辽道宗之孙，辽朝末代皇帝。26岁继位后，一味游猎，荒淫奢侈，不理国政，导致朝政腐败，陷入内外交困局面。金太祖起兵，辽大败，为金兵所俘，被封海滨王。后遭杀，终年53岁，在位27年。

　　夏太祖李继迁（963～1004），本姓拓跋氏。擅骑射，勇敢果断，年仅十二岁被授为管内都知蕃落使，并交出夏、银等五州地后，与党项各部叛宋。又派人带着重币向辽圣宗表示愿意归附。后来中吐蕃潘罗支之计，伤重而死，年仅42岁。其孙李元昊称帝后，追谥为神武皇帝，庙号太祖。

　　夏太宗李德明（981～1032），夏太祖李继迁长子。为
人深沉有气度，多权谋。听取遗嘱，向宋请和，保持和平。
方略是"依辽和宋"，同时向辽、宋称臣，接受两国封号，
以保存祖先基业，并伺机向西不断扩张势力。病死，终年
51岁。其子元昊称帝后，追谥为光圣皇帝，庙号太宗。

　　夏景宗李元昊（1003 ～ 1048），西夏王朝开国皇帝。
幼读兵书，精通汉、藏语言文字，又懂佛学。35岁称帝，
建立西夏，追封祖宗，修建宫殿，创造西夏文字，颁布秃
发令，与宋关系破裂，经四大战役，奠定了宋、辽、西夏
三分天下的格局。被次子所弑，终年45岁，在位10年。

　　夏毅宗李谅祚（1047～1068），夏景宗李元昊之子，西夏第二任皇帝。即位时才1岁，由母掌政，引用汉士景询等任职，废行蕃礼，改从汉仪。锐意图治，调整监军司，控制军权，文武相制。亲附辽朝，向辽进贡回鹘僧、金佛。病逝，在位21年。

　　夏惠宗李秉常（1061～1086），毅宗之子，西夏第三任皇帝。7岁继位，秉性软弱，无知政务，由其母梁太后执政，16岁亲政不久，又被梁太后等囚禁。复位后，梁氏势力很大，不易剪灭，仍然不宜亲政，但能"复行汉礼"，废除"蕃仪"。长期忧愤而死，时年26岁，在位19年。

　　夏崇宗李乾顺（1083～1139），夏惠宗李秉常长子，西夏第四任皇帝。3岁即位，母党专政。16岁时灭梁氏而亲政，结束外戚专政局面。整顿吏治，减少赋税，传授汉学，尊儒崇佛，注重农桑，联辽侵宋，夺取土地。病逝，享年56岁，在位53年。

　　夏仁宗李仁孝（1124～1193），夏崇宗之子，西夏第五任皇帝。16岁即位，尊其母为"国母"。结好金国，重用汉族大臣主持国政，设立学校，推广教育；实行科举，选拔人才；大修孔庙，尊崇儒学。病死，享年70岁，在位54年。

　　夏桓宗李纯佑（1177～1206），夏仁宗子，西夏第六任皇帝。性温厚实，17岁即位后奉行前朝的方针，对内安国养民，对外附金和宋。后期贪图安逸，日益堕落。蒙古崛起，加速了西夏由盛而衰。朝廷政变中桓宗被废后暴卒，年仅30岁，在位13年。

　　夏襄宗李安全（1170～1211），夏仁宗李仁孝之侄，西夏第七任皇帝。与桓宗母罗氏合谋，废桓宗自立。在位时昏庸无能，破坏金国与西夏的友好关系，发兵侵金，并改附强大的蒙古。宗室政变后被废而死，终年42岁，在位5年。

　　夏神宗李遵顼（1163～1226），西夏宗室齐国忠武王李彦宗之子，西夏第八任皇帝。少力学，博群书。44岁时废襄宗自立，为中国历史上首位状元皇帝。依附蒙古帝国，破坏金国与西夏关系，发兵侵金而战败。60岁时传位于子，病死，享年64岁，在位16年。

　　夏献宗李德旺（1181～1226），夏神宗之次子，西夏第九任皇帝。即位后一改前朝之策，决心与金国修好，此时金都也被蒙古包围，正处自身难保。于是又改附蒙为抗蒙，但西夏无力抵抗蒙古军。惊忧而死，享年46岁，在位3年。

　　西夏末帝李睍（？～1227），西夏神宗之孙，西夏献宗侄，献宗病危时被推举为皇帝。即位时曾拒降蒙古，右丞相高良惠等力主抵抗，时遇大地震，以致瘟疫肆虐，粮水短缺，军民死伤过半。最后投降蒙古，李睍惨遭杀害，在位1年。

　　金太祖完颜阿骨打（1068～1123），汉名完颜旻，金朝开国皇帝。46岁起兵反抗辽朝，作为女真部族总首领，完成建国、灭辽、改革诸项大事，颁行女真文字。如约归还部分"燕云十六州"，崇尚汉文化。病死于途中，享年55岁。在位8年。

　　金太宗完颜晟（1075～1135），金太祖四弟，金朝第二任皇帝。50岁即位后，沿用金太祖旧制。辽朝既亡，西夏向金称臣。随之加紧对宋用兵，令都元帅，统领金军，逼进北宋首都汴京，订"城下之盟"。病逝，享年61岁，在位14年。

　　金熙宗完颜亶（1119～1150），金太祖长孙，金朝第三任皇帝。自幼随辽进士韩昉学习汉文经史，执射赋诗。16岁登基，开国功臣相继辅政，29岁亲政，皇后仍干预政事。忧郁嗜酒，不理朝政。被弑，终年31岁，在位15年。

　　金废帝完颜亮（1122～1161），金太祖之孙，金朝第四任皇帝。自幼英发，深沉大略。27岁弑君篡位称帝，励精图治，鼓励农业，整顿吏政，厉行革新，完善财制，大力推广汉化。促进南迁，改革币制。残暴淫恶，南下战死，终年40岁，在位12年。

　　金世宗完颜雍（1123～1189），金太祖之孙，金朝第五任皇帝。即位后，击退宋军北伐，签"隆兴和议"。选贤治吏，轻赋重农，尊崇儒学。勤政节俭，不穿丝织龙袍，使金朝国库充盈，有"小尧舜"之誉。实现了"大定盛世"。病逝，终年67岁，在位29年。

  金章宗完颜璟（1168～1208），金世宗之孙，金朝第六任皇帝。21岁即位后，修正礼乐刑政，为一代之法。喜好文学，尊崇儒家，发展文治，挫败南宋北伐，签订"嘉定和议"。后沉湎饮酒作诗，朝政日益衰退。病逝，终年40岁，在位19年。

　　卫绍王完颜永济（？～1213），金世宗第七子，金朝第七任皇帝。为人优柔寡断，即位后不善用人，忠奸不分，尚能俭约守成，不好华饰。采主战死守的建议而顽强防守，击败了蒙古军。成吉思汗蔑其"庸懦"，无治国之才，后被弑杀，追为东海侯。

　　金宣宗完颜珣（1163～1224），金世宗长孙，金朝第八任皇帝。50岁即帝后，战事不断，对蒙古屡战屡败，又发动对南宋战争，腹背受敌、叛乱频发，与西夏断交，只得向成吉思汗求和守成。61岁病死，在位11年。

金哀宗完颜守绪（1198～1234），金宣宗第三子，金国第九任皇帝。24岁即帝后，鼓励农耕，尊孔崇儒，铲除奸佞，停止侵宋战争，与西夏修好。任用名将抗击蒙古，由于积重难返，竭尽全力，回天乏术。37岁自缢，在位13年。至此，120年的金朝宣告灭亡。

第十一部分

游牧帝国崛起的元朝

国祚虽百年　强盛越千秋

元是蒙古族建立的王朝。先后有十六位帝王登基，两位太后称制监国。元的统一使中国的版图更为扩大，实现了民族的大迁徙、大融合。蒙古西征在客观上对推进东西经济文化交流有着积极意义。尽管当时实施了民族不平等政策，但"必行汉法乃可长久"的现实需求，迫使当政者吸收汉族士大夫参与国家决策，使各民族间的交往与联系空前加强。

　　元太祖孛儿只斤·铁木真（1162～1227），尊号"成吉思汗"。27岁成为蒙古乞颜部可汗，逐步统一蒙古诸部。44岁建立大蒙古国，多次发动对外战争，征服西达中亚、东欧的黑海海滨地区。65岁征伐西夏时病逝，在位22年。

　　元睿宗孛儿只斤·拖雷（1193～1232），成吉思汗第四子。西征时，拖雷与其父成吉思汗统率主力越过沙漠，在诸子中军事能力是最强的。但在西征途中大肆屠杀与破坏城池，天气酷热，只得率军回师。后在途中得病而死，终年39岁，在位1年。

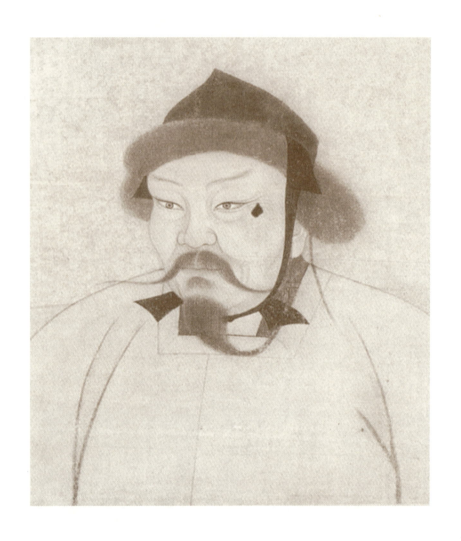

　　元太宗孛儿只斤·窝阔台（1186～1241），元太祖第三子。43岁时被拥戴登基，继承其父遗志，扩张领土，南下灭金国。任用契丹人耶律楚材为中书令，采用汉法，开科取士，汉化改革，重用中原文人，奠定元朝的基础。病逝，终年55岁，在位13年。

　　乃马真氏（？～1246），史称乃马真后，名脱列哥那，窝阔台汗的皇妃。窝阔台汗去世，其长子贵由远征尚未归来。脱列哥那没与宗亲们商议，擅自夺取了政权，担任摄政。结党营私，排除异己，中书令耶律楚材含怨而死，任命了一批无才庸人。病逝，在位5年。

　　元定宗孛儿只斤·贵由（1206～1248），窝阔台的长子，母为乃马真后，蒙古帝国第三任大汗。早年参加征伐金朝，并西征欧洲。41岁即位时乃马真后仍在干政。数月后亲政时，大开府库，以金银赏赐拥己诸王。病死，终年43岁，在位2年。

　　海迷失后（？～1252），元定宗贵由的第三位皇后。元定宗死后，海迷失后在拔都等诸王支持下，抱幼子失列门垂帘听政，此时两子忽察、脑忽另建府邸与母对抗，成一国三主。朝廷陷入混乱，又遇大旱，牛马十死八九，民不聊生。后被拘禁，投入河里溺死。称制3年。

元宪宗孛儿只斤·蒙哥（1209～1259），元太祖成吉思汗之孙、拖雷长子。沉断寡言，不乐宴饮。曾参加西征，进攻古罗斯等地。42岁即位后励精图治，致力攻灭南宋、大理等国，并派遣旭烈兀率大军十万西征西亚诸国。暴毙，享年50岁，在位9年。

　　元世祖孛儿只斤·忽必烈（1215～1294），托雷第四
子，元朝的开国皇帝。在诸王的推戴下，45岁即汗位，56
岁建国号为"元"，定都在大都（今北京）。灭宋后，保留
宋的机构和行政官员，知人善任，推崇儒术，重用汉臣。
病死，享年79岁，在位34年。

　　元成宗孛儿只斤·铁穆耳（1265～1307），元世祖忽必烈之孙，元朝第二任皇帝。28岁即位后，停止对外战争，罢征日本、安南，致力整顿军政。限制诸王势力、颁减免赋税、新编律令等措施，平息动乱，安定西南，善于守成。晚年患病去逝，终年42岁，在位14年。

　　元武宗孛儿只斤·海山（1281～1311），元世祖忽必烈的曾孙，元朝第三任皇帝。早年受儒学教育，即位后奉行"持盈守成"之策，封官赏赐，大施改革，推行理财政策，强化海运、增课赋税。崇信藏传佛教，加封孔子为"大成至圣文宣王"。病逝，享年31岁，在位4年。

　　元仁宗孛儿只斤·爱育黎拔力八达（1285～1320），元武宗海山之弟，元朝第四任皇帝。早年学习儒家典籍。即位后大力改革，减裁冗员，"以儒治国"，进用汉臣，整顿朝政，仿唐宋旧制，实行科举制度，改变衰势，复兴元朝。病重去世，享年35岁，在位9年。

　　元英宗孛儿只斤·硕德八剌（1303～1323），元仁宗嫡子，元朝第五任皇帝。自幼受儒学熏陶，17岁登基后进行改革，并实施了一些新政，裁减冗官，监督官员，推举贤能，颁"助役法"以减轻差役负担，触及贵族利益。政变被弑，享年21岁，在位4年。

　　元泰定帝孛儿只斤·也孙铁木儿（1293～1328），世祖忽必烈的曾孙，元朝第六任皇帝。英宗遭弑后，被拥立为皇帝。时遇地震、蝗灾，采取宥和政策，赦免谋反等罪。聆听儒臣讲解儒家经典及为君之道，崇奉藏传佛教，接见来华的意大利天主教传教士。病逝，享年35岁，在位5年。

　　元天顺帝孛儿只斤·阿速吉八（1320～1328），元泰定帝之长子，元朝第七位皇帝。4岁封为皇太子。9岁即位，爆发了上都与大都两都对抗并多次交战，大都占据军事优势。阿速吉八死于此战乱，只做了42天皇帝，故又称元少帝。

　　元文宗孛儿只斤·图帖睦尔（1304～1332），元武宗次子，元朝第八任皇帝。自幼成长汉地，文化修养高。25岁即位后，提倡尊孔。在大都建奎章阁，命儒臣进经史之书，编修《经世大典》。追求振兴文治，是颇有建树之帝。病逝，终年29岁。两次在位，共计4年。

　　元明宗孛儿只斤·和世瓎（1300～1329），元武宗长子，元文宗之兄，元朝第九任皇帝。属下叛乱时，连夜西逃，成家生子，后重返元都，在诸王和武宗旧臣拥立下即位。有志治政，两度训谕，安插亲信，强调制度规范，显示一派作为气势。在返京途中被毒杀，享年29岁，在位仅184天。

　　元宁宗孛儿只斤·懿璘质班（1326～1332），元明宗次子，元朝第十任皇帝。深得文宗宠爱，初被封为鄜王。7岁时在大都大明殿登上皇位，新帝年幼，太后临朝称制，成为元王朝的实际统治者。依照前制，守成不变。病逝，享年7岁，在位仅53天。

　　元顺帝孛儿只斤·妥懽帖睦尔（1320～1370），元明宗长子，元朝第十一任皇帝。20岁亲政，勤于政事，任用脱脱等人，举荐逸隐之士，进行系列改革，颁行法典及举荐守令法等，史称"至正新政"。后怠施政，沉湎享乐。明军进攻，带蒙古部族退出中原。因痢疾而逝，享年51岁，在位35年。至此，元朝对全国的统治结束。

第十二部分

向外开放的明朝

洪武废宰相独揽大权　郑和下西洋宣示威德

　　明朝前后延续二百七十六年，历十六帝。明成祖朱棣一改明太祖闭关自守的外交策略，派宦官郑和下西洋，与各国交往、宣示威德以及建立朝贡体制，扩大了明朝对南洋、西洋诸国影响力。中国四大古典小说名著中，《水浒传》《三国演义》和《西游记》都成书于明朝。

　　明太祖朱元璋（1328～1398），明朝开国皇帝。幼时贫穷，25岁时参加郭子兴领导的反元战斗，40岁称帝，国号大明。设三司分权，强化中央专制，严惩贪官，实施卫所制，量地查户，移民屯田。病逝，享年70岁，在位30年。

　　明惠宗朱允炆（1377～？），明太祖朱元璋之孙，明朝第二任皇帝。21岁继位，登基后增强文官在治政中的作用，宽刑省狱，严惩宦官，并改变其祖父朱元璋的某些弊政，建文新政，厉行削藩。"靖难之役"后下落不明。在位4年。

　　明成祖朱棣（1360～1424），明太祖第四子，明朝第三任皇帝。初为燕王就藩北平，败元有功，声望日隆。发动"靖难之役"，攻打建文帝。42岁即位后，励精图治，沿袭旧制，一统天下，迁都北京。设置内阁和东厂，编修《永乐大典》。病逝于返京途中，终年64岁，在位22年。

　　明仁宗朱高炽（1378～1425），明成祖长子，明朝第
四任皇帝。喜好读书，善抚士卒。46岁即位，为政开明，
发展生产，与民休息。平反诸多冤狱，废除苛政，修整
武备，为"仁宣之治"打下基础。因病去世，终年47岁。
在位1年。

　　明宣宗朱瞻基（1398～1435），明仁宗长子，明朝第五任皇帝。幼年聪颖，喜书画，多次跟随朱棣征讨蒙古。27岁即位，平定朱高煦叛乱，少用刑罚，停止用兵。励精图治，知人善任，整顿吏治，导使宦官读书。病逝，终年37岁。在位10年。

　　明英宗朱祁镇（1427～1464），明宣宗朱瞻基长子，明朝第六任、第八任皇帝。8岁即帝位后，朝政全由太皇太后操柄，导致宦官专权。木堡之变，兵败被俘，8年幽禁。后复帝位，勤政处事，废除宫妃殉葬制。病逝，终年37岁，先后在位22年。

　　明代宗朱祁钰（1428～1457），明宣宗次子，明朝第七任皇帝。土木堡之变，英宗兵败被俘。在于谦和孙太后拥立下，代宗21岁即位为帝。知人善任，励精图治，可谓英明之主。夺门之变后，被软禁离奇而死，享年29岁。在位8年。

　　明宪宗朱见深（1447～1487），明英宗长子，明朝第九任皇帝。英明宽仁，即位后恢复了叔父朱祁钰的皇帝尊号，平反于谦冤案，任用贤臣理政，宽免赋税、减省刑罚，文治武功卓著，为一代明君。病逝，终年41岁，在位23年。

　　明孝宗朱祐樘（1470～1505），明宪宗第三子，明朝第十任皇帝。17岁即位，宽厚仁慈，躬行节俭，任用贤臣，不近声色，勤于政事，注重司法，开言路，驱奸佞，励精图治，有错即改，史称"弘治中兴"。病逝，享年36岁，在位18年。

　　明武宗朱厚照（1491～1521），明孝宗长子，明朝第
十一任皇帝。从小聪颖，喜欢骑射。15岁即位，"八党"
辅政，任用贤才，处事刚毅，大事不糊涂，平叛赈灾多果
断。后荒嬉无度，病逝，享年31岁，在位16年。

　　明世宗朱厚熜（1507～1567），明宪宗之孙，明朝第十二任皇帝。14岁即位，严驭官、宽治民，整顿朝纲，减轻赋役，重振国政，为隆庆新政与张居正改革等奠定基础。后期宠信严嵩等，导致腐败。病死，享年60岁，在位45年。

　　明穆宗朱载垕（1537～1572），明世宗第三子，明朝
第十三任皇帝。29岁即位，信用徐阶、张居正等臣，用人
不疑，革除弊政。与蒙古俺答议和，废除海禁，允许私人
远贩东西二洋，后沉迷媚药，荒于政事。病死，终年36
岁，在位6年。

　　明神宗朱翊钧（1563 ～ 1620），明穆宗第三子，明朝第十四任皇帝。10岁即位，实行内阁首辅张居正主持的改革措施，开创"万历中兴"局面。主持三大征，巩固了汉家疆土。接见利玛窦，开始西学东渐。病逝，终年58岁，在位48年。

　　明光宗朱常洛（1582～1620），明神宗长子，明朝第
十五任皇帝。从小就陷入皇权交替之争。38岁即位后，
拨乱反正，重振朝廷纲纪。任用贤臣，革除弊政，积极
改革，罢除矿税、榷税。后纵欲淫乐，病死时38岁，在
位1年。

　　明熹宗朱由校（1605～1627），明光宗长子，明朝第十六任皇帝。16岁即位，魏忠贤与乳母客氏专权，残酷迫害企图改良的东林党人。又罢免有胆知兵的辽东经略熊廷弼，致使后金攻陷沈阳等，局势日趋严峻。23岁时病死，在位7年。

　　明思宗朱由检（1611～1644），明光宗第五子，明朝第十七任皇帝。16岁即位时，处于内忧外患之境地。力铲阉党，勤政事，平冤狱，厉行节俭。此时党争不休，民间灾害不断，导致起义爆发。思宗自缢煤山，终年34岁，在位17年。

第十三部分

图求复兴的清朝

天朝上国神话之破灭　维新变法志士图复兴

清朝前后历十二帝、二百六十八年。康乾之世为鼎盛时期，乾隆晚期自诩是"物产丰盈，无所不有"的"天朝上国"，实已盛极而衰。嗣后，列强入侵，民族危亡，志士仁人提出了诸多救亡图存的主张。洋务运动的破产、戊戌变法的失败，极大地激发了民众的救国热情，在汹涌的革命浪潮中，腐朽的清王朝最终被推翻。

　　清太祖爱新觉罗·努尔哈赤（1559～1626），清朝的奠基者，后金第一位大汗。通满语与汉语，爱读《三国演义》。25岁起兵，最终统一女真各部。57岁称汗，建立后金，割据辽东，迁都沈阳。征战中血腥杀戮，攻下明朝在辽70余城。患痈疽病而死，享年67岁，在位11年。

　　清太宗爱新觉罗·皇太极（1592～1643），清太祖第八子，清朝第二任皇帝。自少常随父兄征战，能骑善射。34岁即位后大力改革，44岁称帝，建国号大清。实行满汉一体，倡藏传佛教，发展农耕。重用汉将，为入主中原打基础。猝死，享年51岁，在位17年。

清世祖爱新觉罗·福临（1638～1661），即顺治帝，清太宗第九子，清朝第三任皇帝。6岁登基，叔父多尔衮辅政。13岁亲政，迁都北京，循明之制。抚重于剿，"招降弥乱"，整顿吏治，重用汉官，颁《赋役全书》，招民垦荒，推行屯田。染上天花而逝，终年24岁，在位18年。

　　清圣祖爱新觉罗·玄烨（1654～1722），即康熙帝，清世祖第三子，清朝第四任皇帝。8岁登基，13岁亲政，16岁时就用智谋除掉鳌拜，平定三藩之乱。反击沙俄，亲征噶尔丹，收复台湾。重用汉臣，编修《康熙字典》。统一的多民族国家的捍卫者，开创了康朝盛世的局面。病逝，享年69岁，在位61年。

　　清世宗爱新觉罗·胤禛（1678～1735），即雍正帝，康熙帝第四子，清朝第五任皇帝。44岁即位后，行实政，反朋党，着力改革。废贱籍制，改土归流，摊丁入亩。整顿财政，实行耗羡归公，建养廉银制。立官绅一体法，创密折监视制。朝乾夕惕，勤先天下。病逝，享年57岁，在位13年。

　　清高宗爱新觉罗·弘历（1711 ～ 1799），即乾隆帝，
清朝第六任皇帝。五次普免天下钱粮，平定边疆叛乱，扬
威西南，完善对西藏的统治，将新疆纳入中国版图，进而
完成了多民族国家的统一。因俗而治，发展汉学，修《四
库全书》。病逝，享年89岁，在位64年。

　　清仁宗爱新觉罗·颙琰（1760～1820），即嘉庆帝，乾隆帝的第十五子，清朝第七任皇帝。即位后打着"咸与维新"旗号，"以孝治天下"，整饬内政与纲纪。诛杀权臣和珅，并囚其死党。广开言路，力戒欺隐，重农抑商，黜奢崇俭。暴病而死，终年61岁，在位25年。

　　清宣宗爱新觉罗·旻宁（1782～1850），即道光帝，
嘉庆帝第二子，清朝第八任皇帝。即位后勤于政务，整
顿吏治，通海运，整盐政，平定叛乱，严禁鸦片。弊端
积重，陷入危机，被迫签订《南京条约》。病逝，享年69
岁，在位30年。

　　清文宗爱新觉罗·奕詝（1831～1861），即咸丰帝，清宣宗第四子，清朝第九任皇帝。在位后勤于政事，着力改革。除弊求治，重振纲纪。重用曾国藩，镇压太平天国等义军。开启洋务运动以除"内忧外患"。病逝，享年31岁，在位11年。

　　清穆宗爱新觉罗·载淳（1856～1875），即同治帝，
清文宗长子，清朝第十任皇帝。5岁即位，慈禧太后操政。
革新弊政，提拔汉官。依曾国藩等镇压太平天国起义后，
两宫太后垂帘听政，兴办洋务新政，史称"同治中兴"。
17岁亲政，病逝，终年19岁，在位14年。

　　清德宗爱新觉罗·载湉（1871～1908），即光绪帝，慈禧亲妹之子，清朝第十一任皇帝。4岁即位，初由两宫太后垂帘，后由慈禧听政。光绪帝极力主战，反对妥协。实行"戊戌变法"以图强，历时103天，故称"百日维新"。后被囚，病重而死，享年38岁，在位34年。

　　爱新觉罗·溥仪（1906～1967），即宣统帝，清朝
末代皇帝。2岁即位，1911年辛亥革命爆发，1912年2月
被迫退位，清王朝结束。又成为日本控制的伪满洲国"皇
帝"。后被押改造，著有《我的前半生》。病逝，终年61
岁，在位3年。

后 记

百字一帝：中国历代帝王画传

　　这是历时多年的项目，帝王小传文稿由郭志坤先生整理撰写，虽几易其稿，反复推敲，毕竟个人之力，必有缺失，尤其囿于百字之限，当会挂一漏万。帝王画除了历代留传下来的文物图外，遗缺部分邀请方增先、刘旦宅、傅惟本、黄国乐、钱根全、姜一鸣等现代画家、画师补绘，他们各尽其艺以及学识之见，画风有殊，也许有疏忽之处，先予刊布以乞卓见，便于修订，以期将来更完美地展示。

　　在此，要特别感谢画家、画师们旷日弥久地、坚持不懈地劳作，还要感谢上海书店出版社社长和责任编辑精到的修改。在资料汇总阶段，郭明忠、郭剑华做了整理工作，在此一并表示谢意。

申元书院

2021 年 10 月 18 日

图书在版编目（CIP）数据

百字一帝：中国历代帝王画传 / 郭志坤著；申元
书院编 . — 上海：上海书店出版社，2022.3
ISBN 978-7-5458-2137-6

Ⅰ.①百… Ⅱ.①郭… ②申… Ⅲ.①帝王—列传—
中国—古代—画册 Ⅳ.①K827=2

中国版本图书馆CIP数据核字（2021）第254867号

责任编辑　俞芝悦
装帧设计　郦书径

百字一帝：中国历代帝王画传
郭志坤 著　申元书院 编

出　　版　上海书店出版社
　　　　　（201101　上海市闵行区号景路159弄C座）
发　　行　上海人民出版社发行中心
印　　刷　上海商务联西印刷有限公司
开　　本　710×1000　1/16
印　　张　23.25
字　　数　150,000
版　　次　2022年3月第1版
印　　次　2022年3月第1次印刷
ISBN 978-7-5458-2137-6/K.431
定　　价　78.00元